LA VIE SECRÈTE DES MUNICIPAUX

118, avenue Achille-Peretti – CS 70024
92521 Neuilly-sur-Seine Cedex
www.michel-lafon.com

LES CHEVALIERS DU FIEL

LA VIE SECRÈTE DES MUNICIPAUX

Michel LAFON

NOUS AVONS RÉUSSI, POURQUOI PAS VOUS ?

POUR CE FAIRE, NOUS VOUS LIVRONS NOS SECRETS...

Pourquoi ce livre ? Parce que nous sommes des winners !
À force d'entendre des gens dans la rue nous remercier et même nous féliciter pour notre action, nous, les employés municipaux, nous nous sommes dit : « Mais qu'avons-nous de si exceptionnel ? » En y réfléchissant un peu, nous nous sommes rendu compte que, oui, bien sûr, ils avaient raison, nous étions bel et bien **un exemple, oui, un exemple,** pour les autres citoyens et le pays tout entier.
Soyons modestes, c'est souvent par instinct que nos choix sont faits et presque toujours ce sont les bons choix qui sont faits. Les exemples sont nombreux !

Nous avons pu être critiqués pour notre rythme de travail, eh bien, sachez que ce n'est pas une volonté de travailler moins, mais juste une écoute de notre propre corps qui nous dit : **« STOP ! »**
« Stop, préservez-moi ! » et c'est donc ce que nous faisons avec une priorité et une seule : **l'intérêt général !**
L'intérêt général, voilà ce qui nous anime et c'est notre préoccupation permanente.
Lorsque nous prenons nos RTT, c'est pour l'intérêt général. Nos congés maladie ? Encore l'intérêt général. Et même notre absentéisme n'est qu'une démarche pour favoriser la création de nouveaux emplois !
Trucs, astuces et petits secrets... Voilà ce que vous trouverez dans cet ouvrage en espérant que cela vous permettra de rejoindre notre grande famille, celle des blouses vertes, des blouses bleues qui feront de la France un **pays heureux...**

CHEF ? COMBIEN ON BLOQUE DE BAGNOLES ?
20 ! C'EST BIEN FAIT POUR LEUR GUEULE, ON BOSSE, NOUS !
AR TAPAS
BF-713 LY

« NOUS LES EMPLOYÉS MUNICIPAUX, NOUS SOMMES LES BASES D'UNE PYRAMIDE DONT LE MAIRE EST LE SOMMET. »

Christian

LE TRIANGLE D'OR
MUNICIPAL

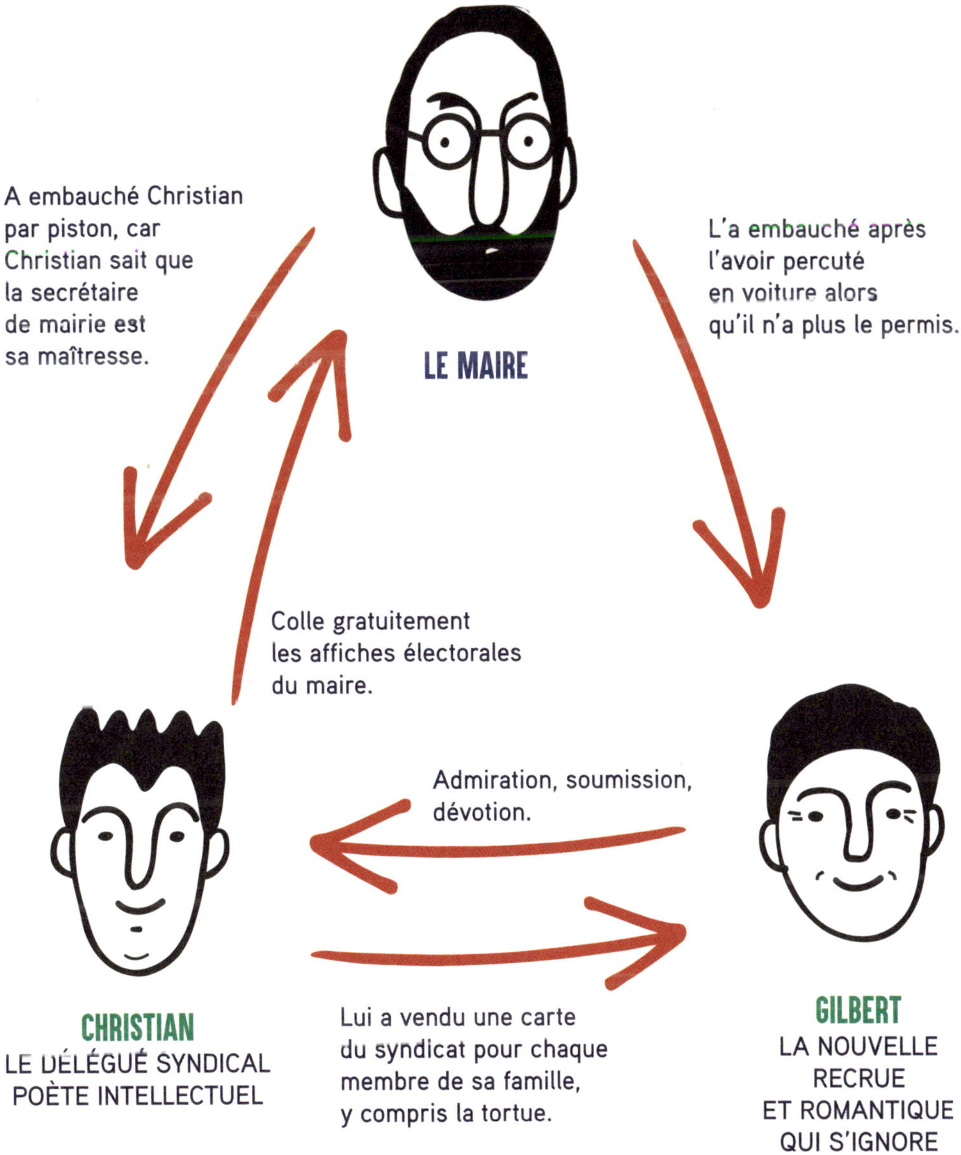

AUTOMNE VENTEUX,
SOUFFLEUR
DE FEUILLES
MALHEUREUX.

SEPTEMBRE			
D	1		
L	2		
M	3	36	
M	4		
J	5		
V	6		
S	7		
D	8		
L	9		
M	10	37	
M	11		
J	12		
V	13		
S	14		
D	15		
L	16		
M	17	38	
M	18		
J	19		
V	20		
S	21		
D	22		Ouverture Chasse
L	23		
M	24		RTT Chasse
M	25		
J	26		
V	27		
S	28		Week-end Chasse
D	29		
L	30		Rentrée des souffleuses de feuilles

OCTOBRE			
M	1		Championnat de France de pétanque des employés municipaux
M	2		
J	3		
V	4		
S	5		
D	6		
L	7		
M	8	41	
M	9		
J	10		
V	11		Réunion dé-briefing de rentrée. Paella géante
S	12		
D	13		
L	14		Congés maladie
M	15	42	
M	16		
J	17		
V	18		
S	19		
D	20		
L	21		
M	22	43	
M	23		
J	24		
V	25		
S	26		
D	27		
L	28		
M	29	44	
M	30		
J	31		

NOVEMBRE			
V	1		Férié
S	2		
D	3		
L	4		
M	5	45	
M	6		
J	7		
V	8		Rien
S	9		
D	10		
L	11		
M	12	46	
M	13		
J	14		
V	15		
S	16		
D	17		
L	18		
M	19	47	
M	20		
J	21		
V	22		
S	23		
D	24		Noël dans 1 mois
L	25		
M	26	48	
M	27		
J	28		
V	29		
S	30		

EXPERT
CONSEIL DE SAISON

AUTOMNE VENTEUX,
SOUFFLEUR
DE FEUILLES
MALHEUREUX.

L'ASTUCE DE SAISON

COMMENT FAIRE UNE SIESTE SANS SE PRENDRE DE MARRONS

1

EN AUTOMNE,
NE PAS FAIRE
DE SIESTES
SOUS LES
MARRONNIERS.

2

ÉVITER LES SIESTES
EN PLEIN AIR ET AINSI
LES « CHAUDS ET FROIDS »
DE DEMI-SAISON,
PRIVILÉGIER LE VÉHICULE
DE FONCTION ET EN POSITION
COUCHÉE DE PRÉFÉRENCE
POUR PLUS DE DISCRÉTION.

3

L'AUTOMNE ÉTANT
LA HAUTE SAISON
DE LA FEUILLE…
SE COUCHER, FERMER LES
YEUX, ET VISUALISER
LE SOUFFLAGE DE FEUILLES…
LE CERVEAU PRÉPARE AINSI
LE CORPS À L'EFFORT.

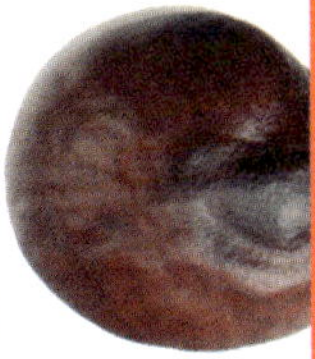

4

COMMENCER SA SIESTE
PLUS TARD PERMET
D'ENCHAÎNER AVEC
LA NUIT QUI TOMBE
PLUS TÔT, ET ÉVITE
DES DÉPLACEMENTS.

LA MAXIME DE *Christian*

(TITULAIRE PHILOSOPHE)

« JE RÊVE D'UNE FRANCE
EMPLOYÉE MUNICIPALE,
TOUT LE PAYS NE SERAIT
QU'UN BALLET DE BLOUSES
MULTICOLORES :
BLOUSE VERTE ?
BLOUSE BLEUE ?
LE TEMPS DE SE DÉCIDER,
MIDI VIENT DE SONNER !
ALORS C'EST LA CAFÉTÉRIA,
PUIS 15 HEURES
LA GRILLE DU LOTO
ET LA RÉUNION SYNDICALE
ET IL EST DÉJÀ 16 HEURES,
L'HEURE DE S'Y REMETTRE. »

AUTOMNE VENTEUX,
SOUFFLEUR
DE FEUILLES
MALHEUREUX.

COMMENT J'AI OBTENU 25 % D'INVALIDITÉ GRÂCE À LA VISITE MÉDICALE

Histoire d'un conte de fées…

À l'époque, j'avais été nommé à l'entretien de la piscine municipale qui n'était pas encore construite.

Au bout de deux ans, l'élection municipale approchant, le maire a fait accélérer les travaux.

J'avais deux ans et demi d'ancienneté à la piscine avant même qu'elle ait été construite, et ça, psychologiquement, c'est une forme de pression.

La piscine fut mise en eau un 15 avril pour une ouverture au public le 21, veille de l'élection.

On m'avait chargé de la détection d'un éventuel staphylocoque doré et j'ai passé une journée entière, de 10 heures à midi et de 15 heures à 17 heures à scruter l'eau de la piscine. Le lendemain, je me réveillai avec l'œil droit tout rouge.

SAMU, évidemment… On détecta un éblouissement au niveau de la pupille dû sans doute au reflet du soleil sur la grille de la bonde de fond.

Après deux mois de repos, j'ai passé la visite médicale professionnelle durant laquelle un camarade médecin du travail a pu classifier mon problème en accident de plongée. Qui dit accident de plongée implique possibilité de séquelles pulmonaires…

SÉQUENCE NOSTALGIE, *Christian* SE SOUVIENT...

J'ai obtenu 20 % d'invalidité d'accident de plongée ainsi qu'une interdiction de baignade à des fins professionnelles de cinq ans.

J'ai, à cette occasion, reçu la première médaille d'accident de plongée sans savoir nager.

Dans les cinq années qui ont suivi, j'ai eu deux fois de la conjonctivite, mon accident de plongée fut classé « conséquence irrémédiable » et j'ai obtenu 10 % d'invalidité supplémentaire...

Notre camarade médecin du travail a fait passer une bronchite tenace en conséquence collatérale de l'accident de plongée, c'est ainsi que j'ai été reçu aux 40 % d'invalidité.

Je dois avouer que quand on est reçu aux 40 % et qu'on vous remet l'autocollant avec un doigt dessus qui veut dire : « Je me gare où je veux et je t'emmerde », j'ai pleuré. Ma femme aussi a pleuré, en même temps qu'elle a dit : « Je savais que tu réussirais ! Je suis fière que tu sois le père de notre enfant. »

FEUILLETON DE LA SEMAINE

SYNDICAL RADICAL

PARTIE 1

AUTOMNE VENTEUX,
SOUFFLEUR
DE FEUILLES
MALHEUREUX.

GILBERT A TESTÉ LE NOUVEAU SOUFFLEUR DE FEUILLES

Gilbert Lavergne découvre la RT 500. Il déclare : « Ce n'est pas un outil, c'est un prolongement du corps ! »

LES PERFORMANCES

Légère, moins d'un kilo, cette souffleuse de feuilles possède en son arrière un sélecteur de mission avec deux positions : « feuilles larges » et « feuilles minces ». Vous pourrez ainsi viser la feuille de platane ou la feuille de peuplier.

À la question de notre journaliste à Gilbert Lavergne : « Et que fait-on pour les feuilles de saule pleureur ? » Gilbert a répondu avec cet humour qui le caractérise : « On ne se plaint pas sous un saule pleureur puisqu'on pleure déjà ! »

LE PETIT PLUS

Sous la base inférieure de la base du moteur, une option crochet porte-bouteilles qui permettra à votre ricard d'accompagner votre geste et ainsi de le boire tout en travaillant, vous évitant donc une perte de temps. Ce porte-bouteilles est un vrai plus pour le contribuable.

LES NOTES DE GILBERT

MANIABILITÉ 11/13

POIDS 12/13

EFFICACITÉ 13/13

À la question « Pourquoi sur 13 ? », Gilbert a très logiquement répondu : « Je compte comme à la pétanque ».

OUTILS DU MOIS

SUPER
MUNICIPAUX
AU BOULOT !

LA MINUTE SYNDICALE

SI ON EST PLUS,
ON EST PLUS N~~OMBREU~~X !

SI ON EST PLUS,
ON EST PLUS N~~OMBREU~~T

SI ON EST PLUS,
ON EST PLUS !

LES INDISPENSABLES
DU MUNICIPAL

EXPERT
TRUCS & ASTUCES

Le balai se portera court avec un poil dur en ton corail.

Le gratte-feuilles sera classique dans un gris métal très high-tech.

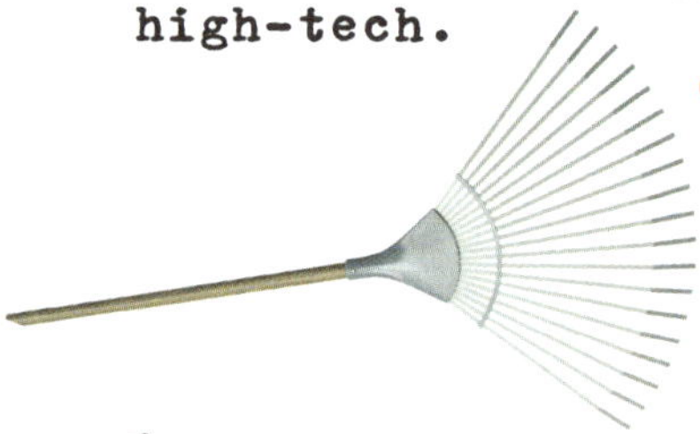

COLLECTION AUTOMNE/HIVER 2019-2020

La brouette* s'habillera d'un corail assorti au balai..

*Une version avec amortisseur pour préserver le squelette municipal sera présentée au Salon de l'agriculture en 2020.

AUTOMNE VENTEUX,
SOUFFLEUR
DE FEUILLES
MALHEUREUX.

L'INSTANT POÉSIE DE *Gilbert*

« Le glaçon est
au Ricard
Ce que le sexe est
à l'amour :
Il rafraîchit, il donne
du volume
Mais il peut délayer
l'essentiel. »

LA MAXIME DE *Christian*

(TITULAIRE PHILOSOPHE)

« LE MEC QUI VEUT
SE SYNDIQUER, IL SE
SYNDIQUE, CELUI QUI
VEUT PAS, IL SE SYNDIQUE
PAS.C'EST SON CHOIX,
IL EST LIBRE.
D'UN AUTRE CÔTÉ,
À LA VILLE IL N'Y A QUE
DEUX SORTES D'EMPLOYÉ :
LES NON-SYNDIQUÉS
ET LES TITULAIRES. »

AUTOMNE VENTEUX,
SOUFFLEUR
DE FEUILLES
MALHEUREUX.

Services tec
Bar Tabac P
Cantine
Salle de repos service
Jacuzzi réservé personnel
Tabac PMU Bar
Bar Tabac PMU

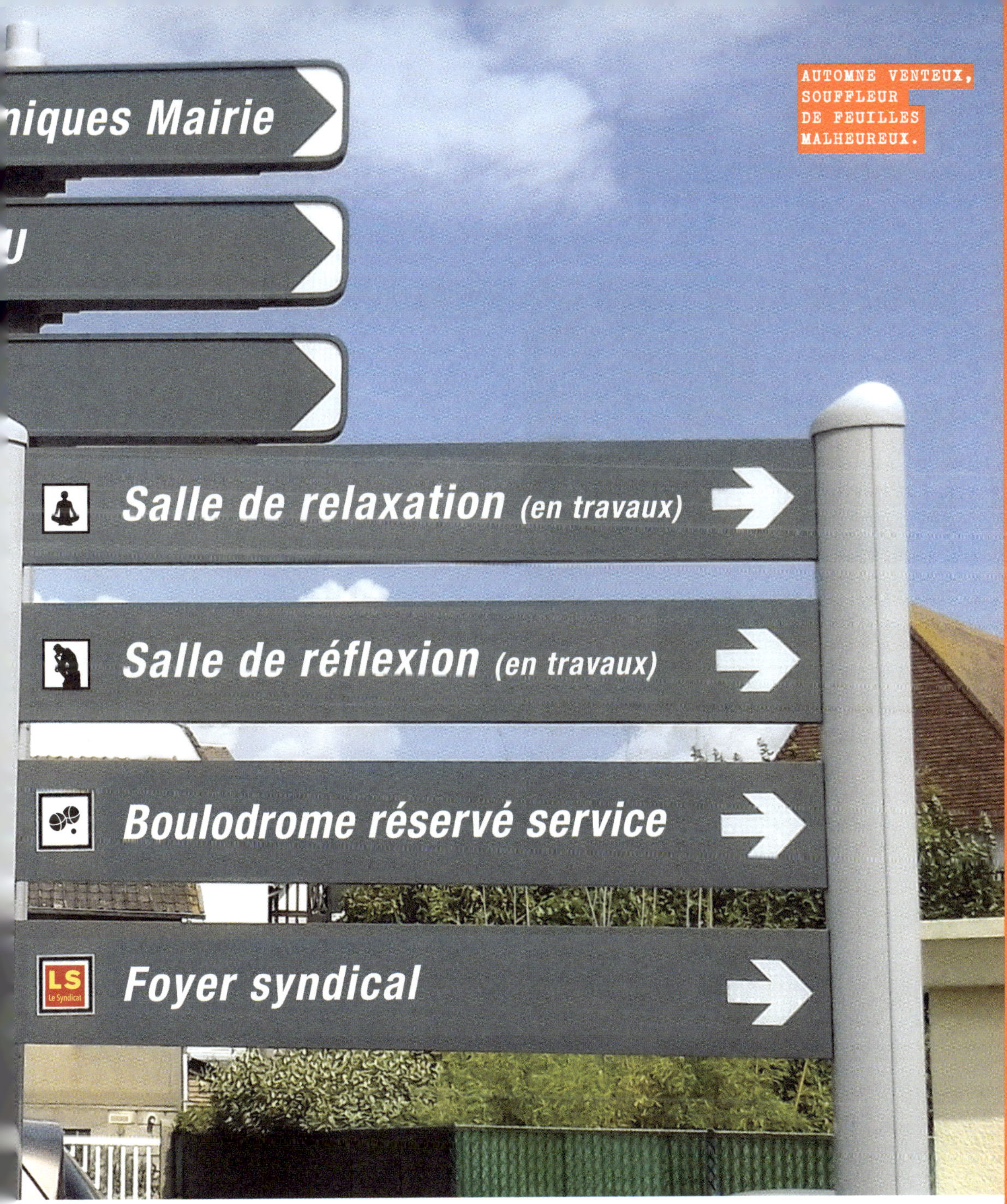

AUTOMNE VENTEUX,
SOUFFLEUR
DE FEUILLES
MALHEUREUX.

FEUILLETON DE LA SEMAINE

SYNDICAL RADICAL

PARTIE 2

AUTOMNE VENTEUX,
SOUFFLEUR
DE FEUILLES
MALHEUREUX.

L'AUTOMNE COMMENCE BIEN !

PROMO SPÉCIALE MUNICIPAUX !

Tire-bouchon « Feuilles mortes ».
L'indispensable de vos journées.
100 % camouflage.

-100 %
SUR LE 3e

COMME DIRAIT LA GRAND-MÈRE DE *Christian*

« QUI PREND DE LA FARINE, QUI PREND DU LAIT, QUI PREND DES ŒUFS VA FAIRE DES CRÊPES. »

AUTOMNE VENTEUX,
SOUFFLEUR
DE FEUILLES
MALHEUREUX.

La Quiche à Véro

Ingrédients

Pour 4 personnes

1 kg de farine
1 kg de crème fraîche
1 kg de lardons
1 kg d'œufs
1 kg de camembert

Commentaire de Véro :

C'EST DUR À DIGÉRER COMME UNE RÉFORME DE MACRON.
ON NE S'EN DÉBARRASSE PAS COMME ÇA,
ON DIRAIT LE PATRONAT.
CETTE QUICHE EST COMME LA MONDIALISATION :
SI TU T'ASSOIS DESSUS, TU PEUX AVOIR MAL AU CUL.

UNE JOURNÉE DANS LA VIE TRÉPIDANTE DE *Christian*

8 H

RDV À LA MACHINE À CAFÉ

9 H

FIN DE PAUSE CAFÉ-BRIEFING

10 H

11 H

DÉPART DÉPÔT

12 H

PAUSE DÉJEUNER

LS
Le Syndicat

AUTOMNE VENTEUX,
SOUFFLEUR
DE FEUILLES
MALHEUREUX.

14 H

BRIEFING D'APRÈS-MIDI

15 H

16 H

STOP

17 H

APÉRO / PRÉ-DÉBRIEFING / PRÉ-BRIEFING DU LENDEMAIN

18 H

APÉRO

DERRIÈRE LE MASQUE, LA FEMME
CatVéro
Le jour, elle attend à la piscine… La nuit, elle attend sur un toit…

AUTOMNE VENTEUX,
SOUFFLEUR
DE FEUILLES
MALHEUREUX.

LE TRUC DE CHRISTIAN

COMME DIRAIT LA GRAND-MÈRE DE *Christian*

« Y A PAS DE FUMÉE SANS VIEUX. »

Le chant des municipaux

Refrain

Feuilles, râteaux,
C'est le chant des municipaux.
Feuilles, râteaux,
C'est bientôt l'heure de l'apéro.

Couplet 1

Qui c'est qui se donne du mal ?
Qui travaille comme un cheval ?
C'est l'employé, c'est l'employé,
C'est l'employé municipal.

Refrain

Feuilles, râteaux,
C'est le chant des municipaux.
Feuilles, râteaux,
C'est bientôt l'heure de l'apéro.

Couplet 2

Où que c'est qu'il est le grand Didier ?
Il est parti heureux en RTT.
Où que c'est qu'elle est la belle Sophie ?
Elle est partie, la pauvre, en congé maladie.

AUTOMNE VENTEUX,
SOUFFLEUR
DE FEUILLES
MALHEUREUX.

Refrain

Feuilles, râteaux,
C'est le chant des municipaux.
Feuilles, râteaux,
C'est bientôt l'heure de l'apéro.

Couplet 3

Contre vents et marées,
Il y a la ville à faire tourner.
Pour le contribuable, on est prêts à crever,
Notre mission ne supporte pas le doute,
On est O.K. tout le temps sauf au mois d'août.

Refrain

Feuilles, râteaux,
C'est le chant des municipaux.
Feuilles, râteaux,
C'est bientôt l'heure de l'apéro.

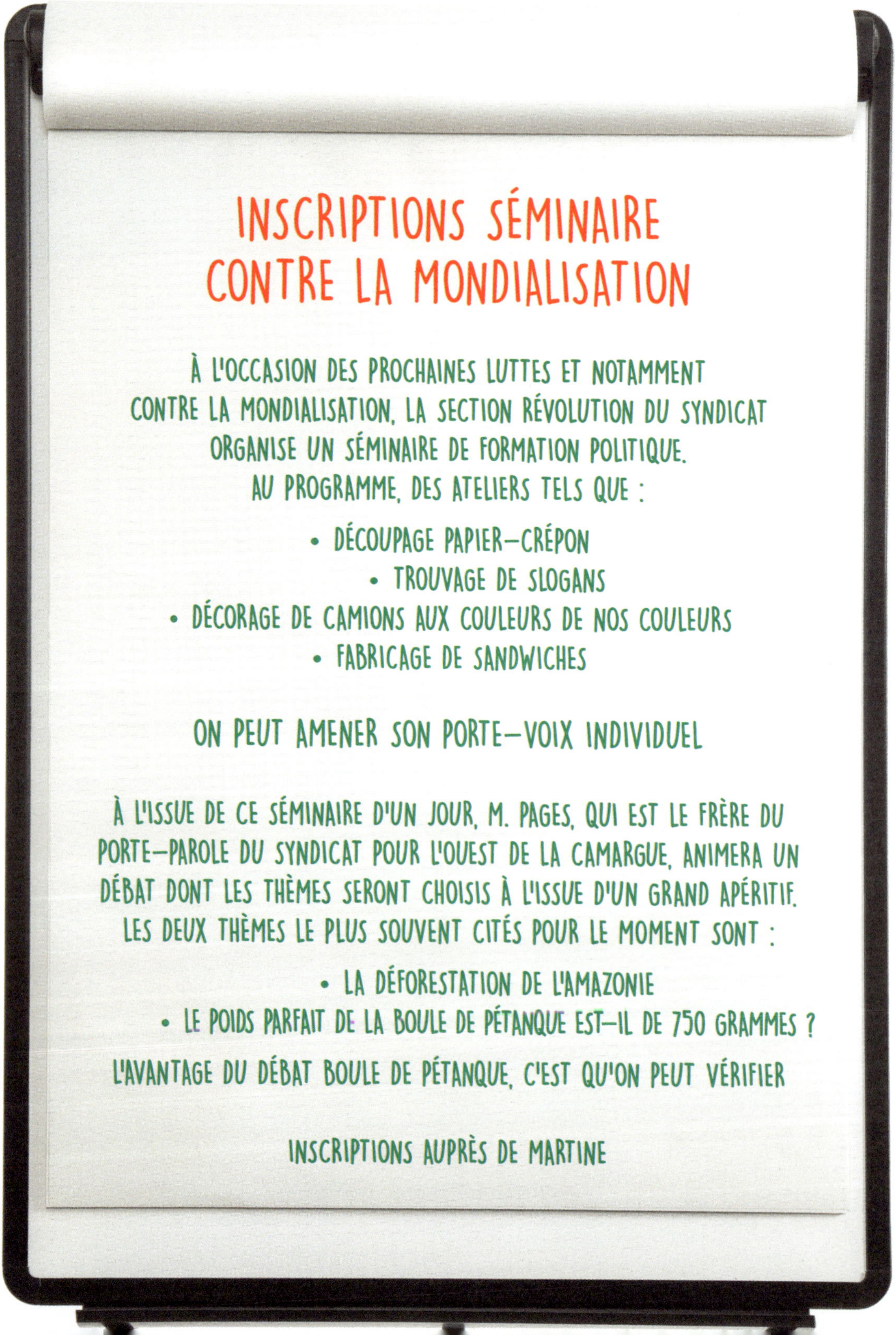
INSCRIPTIONS SÉMINAIRE
CONTRE LA MONDIALISATION
À L'OCCASION DES PROCHAINES LUTTES ET NOTAMMENT CONTRE LA MONDIALISATION, LA SECTION RÉVOLUTION DU SYNDICAT ORGANISE UN SÉMINAIRE DE FORMATION POLITIQUE.
AU PROGRAMME, DES ATELIERS TELS QUE :
• DÉCOUPAGE PAPIER-CRÉPON
• TROUVAGE DE SLOGANS
• DÉCORAGE DE CAMIONS AUX COULEURS DE NOS COULEURS
• FABRICAGE DE SANDWICHES
ON PEUT AMENER SON PORTE-VOIX INDIVIDUEL
À L'ISSUE DE CE SÉMINAIRE D'UN JOUR, M. PAGES, QUI EST LE FRÈRE DU PORTE-PAROLE DU SYNDICAT POUR L'OUEST DE LA CAMARGUE, ANIMERA UN DÉBAT DONT LES THÈMES SERONT CHOISIS À L'ISSUE D'UN GRAND APÉRITIF.
LES DEUX THÈMES LE PLUS SOUVENT CITÉS POUR LE MOMENT SONT :
• LA DÉFORESTATION DE L'AMAZONIE
• LE POIDS PARFAIT DE LA BOULE DE PÉTANQUE EST-IL DE 750 GRAMMES ?
L'AVANTAGE DU DÉBAT BOULE DE PÉTANQUE, C'EST QU'ON PEUT VÉRIFIER
INSCRIPTIONS AUPRÈS DE MARTINE

AUTOMNE VENTEUX, SOUFFLEUR DE FEUILLES MALHEUREUX.

LA MINUTE SYNDICALE

LS
Le Syndicat

TOUTE HEURE COMMENCÉE EST CONSIDÉRÉE COMME TERMINÉE EXEMPLE À 16 H 05, IL EST 17 HEURES.

ATTENTION !

LE VENDREDI APRÈS-MIDI À 15 H 30 IL EST 17 HEURES.

ACQUIS SOCIAUX D'UN JOUR, ACQUIS SOCIAUX TOUJOURS

SYNDICALEMENT VÔTRE

L'AUTOMNE COMMENCE BIEN !

PROMO SPÉCIALE MUNICIPAUX !

Tabouret « ni vu ni connu pour se poser en toutes circonstances ».

-100 % SUR LE 3e

FEUILLETON DE LA SEMAINE

EN JAUNE ET VERT...

LA MAXIME DE *Christian*

(TITULAIRE PHILOSOPHE)

« L'EMPLOYÉ MUNICIPAL EST UN FÉLIN : ON NE LE VOIT PAS ARRIVER, ON NE L'ENTEND PAS REPARTIR, UN PEU COMME S'IL N'ÉTAIT PAS VENU. »

EXPERT
TRUCS & ASTUCES

AUTOMNE VENTEUX, SOUFFLEUR DE FEUILLES MALHEUREUX.

L'ASTUCE

COMMENT TIRER LES ROIS TOUTE L'ANNÉE

Afin de contourner l'arrêté municipal tendant à minimiser la durée du tirage de la galette des rois, voici quelques astuces pour en profiter le plus longtemps possible :

EN JUIN...
tarte aux fraises

EN JUILLET...
tarte aux pêches

EN AOÛT...
tarte aux raisins

POUR FAIRE DURER JUSQU'À LA TOUSSAINT...
tarte aux cèpes

EN DÉCEMBRE...
tarte aux marrons

COMME DIRAIT LA GRAND-MÈRE DE *Christian*

« ÇA SERT À RIEN D'ÊTRE HEUREUX, ÇA FAIT QUE DES ENVIEUX. »

LA DEVINETTE

AUTOMNE VENTEUX, SOUFFLEUR DE FEUILLES MALHEUREUX.

LES SECRETS DU *Maire* POUR NE PAS SE LAISSER ABORDER

Quand le maire sort, les gens lui sautent dessus, il a donc une technique pour s'échapper sans les vexer, la voici.

- **FERMER LES YEUX POUR FAIRE VOIR QU'IL ÉCOUTE**
- **REMUER LA TÊTE POUR FAIRE VOIR QU'IL RÉFLÉCHIT**
- **DANS LE MÊME TEMPS, PIÉTINER POUR FAIRE VOIR QU'IL A AUTRE CHOSE À FAIRE ET POUVOIR S'ÉCHAPPER**

À TOI NOUVEAU TITULAIRE DE FAIRE PAREIL, SI TU NE VEUX PAS QUE TA VIE SOIT UN ENFER !

LA MAIRIE

EXPERT TRUCS & ASTUCES

TESTEZ-LE !
UNE SENSATION UNIQUE !
LA PUISSANCE
À L'ÉTAT BRUT
TERMINATOR
LE SOUFFLEUR DE FEUILLES QUI DÉPLACE
DES MONTAGNES !

AUTOMNE VENTEUX, SOUFFLEUR DE FEUILLES MALHEUREUX.

LES SECRETS D'UN APÉRO RÉUSSI EN TOUTES CIRCONSTANCES ET EN TOUTES SAISONS

le POC

EXPERT TRUCS & ASTUCES

Moment de la journée conseillé

Tous

Ingrédients

- Pastis
- Olives
- Cacahuètes

Avantages

Un apéro bien tassé fait gagner du temps pendant le repas.
On boit moins de vin.

Saison conseillée

Toutes

L'INSTANT POÉSIE DE *Gilbert*

« J'aime bien ratisser,
j'ai l'impression
de peigner la nature. »

AUTOMNE VENTEUX,
SOUFFLEUR
DE FEUILLES
MALHEUREUX.

RÂTEAU, TU ES BEAU...

(Chant sur l'air
de *Mon beau sapin*)

Mon beau râteau,
Droit dans l'auto,
Que j'aime ton allure !
Quand à l'automne,
Saison fantasque,
Les feuilles tombent
Sous la bourrasque,
Tu sors tes dents
Couleur argent.
Tu ne perds pas
Ton temps.

Mon beau râteau,
Roi des outils,
Que j'aime ta brillance !
D'un air de rien,
De ta mouvance,
Mine de rien,
Tu nettoies la France.
Avec envie,
Je tiens ton manche.
D'un coup de rein,
Je me déhanche.

OUTILS DU MOIS

FEUILLETON DE LA SEMAINE

LA PRESSION PSYCHOLOGIQUE

AUTOMNE VENTEUX, SOUFFLEUR DE FEUILLES MALHEUREUX.
ET CELLES DE LÀ-BAS. ET CELLES DE LÀ-BAS. À TOI…
C'EST BIEN GILBERT. À TOI…
ET AU MOMENT OÙ J'AI FAIT LA PAUSE POUR MANGER LE SANDWICH…
OUI, LE SANDWICH, C'EST BIEN, GILBERT. À TOI…
LE VENT A TOURNÉ ET ELLES SONT TOUTES REPARTIES DE L'AUTRE CÔTÉ, LES FEUILLES… LES FEUILLES, ELLES SONT TOUTES REPARTIES DE L'AUTRE CÔTÉ…
C'EST LE SEUL MÉTIER OÙ, POUR SOUFFLER, IL FAUT ARRÊTER DE SOUFFLER.

ENSEMBLE, ILS VONT TOUT DONNER
LE POÈTE
LE BLEU
• ET •
LA BROUETTE

AUTOMNE VENTEUX,
SOUFFLEUR
DE FEUILLES
MALHEUREUX.

LA MINUTE SYNDICALE

LS
Le Syndicat

LES INDISPENSABLES DE MANIF

Pour réussir vos manifs, il vous faut :

- ☑ Une banderole avec un slogan qui claque
- ☑ 500 sandwiches
- ☑ 120 packs de bière

- ☑ 3 palettes de cubis de vin rouge
- ☑ 2 palettes de cubis de vin blanc

ÉCHANGE DERNIER LIVRE DE MÉLENCHON PESANT 280 GRAMMES CONTRE DEUX BOULES DE PÉTANQUE DE 650 GRAMMES.

Revends deux places
SÉJOUR ROUMANIE
du 15 au 21 janvier,
voyage et excursions
comprises.
Thèmes au choix du voyage:
- La Roumanie et les tracteurs
- Le tissage rural des femmes du Nord roumain
- Décorez un orphelinat
Prix 80 euros à débattre

Contacter Odile

JEUNE ET DÉSIRABLE EMPLOYÉE MUNICIPALE PROPOSE WEEK-END INTIME ET AMOUREUX, ET PLUS SI AFFINITÉS...
V.

À vendre 150 affiches 4 x 3'
« Élisabeth Buffet présidente »
Garanties jamais collées
S'adresser à Bruno du Service des eaux

AUTOMNE VENTEUX,
SOUFFLEUR
DE FEUILLES
MALHEUREUX.

Collectionneurs, bourse aux souvenirs de vacances !

Attention ! il n'y en aura pas pour tout le monde.

LA MINUTE SYNDICALE

LA SEMAINE DE 35 HEURES À 32 HEURES LES BONS COMPTES FONT LES BONS AMIS

AUTOMNE VENTEUX,
SOUFFLEUR
DE FEUILLES
MALHEUREUX.

« LE JOUR OÙ MON BURN-OUT A COMMENCÉ »

Christian,
brigade des feuilles

AUTOMNE VENTEUX,
SOUFFLEUR
DE FEUILLES
MALHEUREUX.

CHRISTIAN A TESTÉ LA BALAYEUSE

PERFORMANCE

Engin extrêmement doux, il repousse la feuille mais ne la maltraite pas.
Il l'avale mais la respecte.

SON PLUS TECHNIQUE

Dotée d'un moteur électrique pourvu d'un système de gestion des batteries programmable qui empêche toute utilisation hors des heures de travail.

MANIABILITÉ ET CONFORT

Engin très maniable, suréquipé, avec, en option, deux porte-verres, un porte-bouteilles et un coffre à gants réfrigéré ; idéal pour garder le saucisson au frais.

LE PETIT PLUS

Ses performances.

LE PETIT MOINS

Peut faire le travail d'au moins 5 salariés. Heureusement qu'elle tombe facilement en panne, et qu'elle demande du personnel d'entretien !

VÉHICULE DU MOIS

EXPERT
TRUCS & ASTUCES

HIVER QUI GÈLE
LES GRELOTS,
MUNICIPAL
AU BISTROT.

DECEMBRE

Jour	Semaine	Note
S 1		
D 2		
L 3	49	
M 4		
M 5		
J 6		
V 7		
S 8		
D 9		
L 10	50	
M 11		
M 12		
J 13		
V 14		
S 15		Warm-Up (entraînement du foie à l'alcool pour les fêtes)
D 16		
L 17	51	
M 18		
M 19		
J 20		
V 21		
S 22		
D 23		
L 24	52	
M 25		
M 26		
J 27		
V 28		
S 29		
D 30		
L 31		

JANVIER

Jour	Semaine	Note
M 1		
M 2	1	
J 3		
V 4		
S 5		
D 6		Début galette des rois
L 7		
M 8	2	
M 9		
J 10		
V 11		
S 12		
D 13		
L 14		
M 15	3	
M 16		
J 17		
V 18		
S 19		
D 20		
L 21		
M 22	4	
M 23		
J 24		
V 25		
S 26		
D 27		
L 28		
M 29	5	
M 30		
J 31		

FEVRIER

Jour	Semaine	Note
V 1		
S 2		
D 3		
L 4		Pot de départ en congés maladie
M 5	6	
M 6		Départ en congés maladie
J 7		
V 8		
S 9		
D 10		
L 11		
M 12	7	
M 13		
J 14		
V 15		
S 16		
D 17		
L 18		
M 19		
M 20	8	Retour congés maladie
J 21		
V 22		
S 23		
D 24		Rattrapage RTT
L 25		
M 26		
M 27	9	
J 28		

HIVER QUI GÈLE
LES GRELOTS,
MUNICIPAL
AU BISTROT.

L'ASTUCE DE SAISON

COMMENT FAIRE UNE SIESTE SANS ATTRAPER LA GRIPPE

EXPERT
CONSEIL DE SAISON

1

PRIVILÉGIER LA SIESTE AMICALE TRÈS PROCHE DES AUTRES COLLÈGUES

L'haleine alcoolisée est porteuse de degrés !

2

CHOISIR PAR TEMPS FROID LE TRAVAIL DE RÉFLEXION EN INTÉRIEUR

Mieux vaut un long briefing de 3 jours qu'une grippe de 15.

3

S'ÉQUIPER D'UNE TENTE DE CAMPING AU MONTAGE AUTOMATIQUE. C'EST LÉGER.

Ça peut être vert, donc discret, on y tient à trois.

4

RESTER CHEZ SOI

FEUILLETON DE LA SEMAINE

ON EST CRITIQUÉS...

HIVER QUI GÈLE
LES GRELOTS,
MUNICIPAL
AU BISTROT.

LE CHASSE-NEIGE

PEUT-ÊTRE QU'ICI IL NE NEIGE JAMAIS, MAIS LE JOUR OÙ IL NEIGERA, ON VA BAISER TOUT LE MONDE !

VÉHICULE DU MOIS

COMME JE DIS À MA *femme*

« NON, ON VA PAS AU SKI ; QUAND JE PARCOURS TON CORPS, JE FAIS DÉJÀ DU HORS-PISTE. »

LE TRUC DE CHRISTIAN

HIVER QUI GÈLE
LES GRELOTS,
MUNICIPAL
AU BISTROT.

LA MAXIME DE *Christian*

« LES EMPLOYÉS MUNICIPAUX SONT LES GARDIENS DU TEMPLE DES IMPÔTS LOCAUX. »

L'INSTANT POÉSIE DE *Gilbert*

« Des fois je me demande si je ne suis pas de la confiture donnée aux cochons. »

HIVER QUI GÈLE
LES GRELOTS,
MUNICIPAL
AU BISTROT.

LA MINUTE SYNDICALE

LS
Le Syndicat

Assemblée générale en présence
d'un représentant venu de Paris.

Le représentant syndical de Paris :
– Nous préconisons la grève du zèle.

Christian :
– C'est-à-dire ?

Le représentant :
– Travailler trop, travailler tout le temps, travailler trop pour freiner le travail.

Christian :
– … Et si on freinait directement ?

LES INDISPENSABLES DU MUNICIPAL

Pour noter les idées. Là on n'en a pas eu...

C'est nous les inventeurs.

EXPERT
TRUCS & ASTUCES

HIVER QUI GÈLE
LES GRELOTS,
MUNICIPAL
AU BISTROT.

LA MAXIME DE *Christian*

(RÉVOLUTIONNAIRE RANGÉ)

« UN ÉCLAT DE RIRE DANS LA RUE DEVANT DES PIÉTONS HYPOTHÈQUE L'ISSUE D'UNE PROCHAINE REVENDICATION. »

Le gratin lorrain à Véro

Ingrédients

- Mêmes ingrédients que la quiche
- Mettre la quiche au four avec les ingédients liquides dans la pâte
- Le lardon doit flotter
- Mettre le four sur grill , force maximum
- La quiche cuit par le haut
et c'est devenu un gratin lorrain !

HIVER QUI GÈLE
LES GRELOTS,
MUNICIPAL
AU BISTROT.

COMME DIRAIT LA GRAND-MÈRE DE *Christian*

« QUI PISSE DERRIÈRE UN ARBRE CHERCHE À CACHER SA BITE. »

LA DEVINETTE

COURS DE YOGA JEUDI 20 HEURES AU FOYER SYNDICAL

Le yoga, c'est comme une partouze : t'es plusieurs tu gesticules, tu transpires mais à la fin t'es pas obligé de te faire la bise !

Vends Simca 1000 pour cause de rupture
S'adresser à Michel de la compta

HIVER QUI GÈLE
LES GRELOTS,
MUNICIPAL
AU BISTROT.

LA MAIRIE

Le Maire

la Mairie, le 12 février

Le conducteur de la Citroën C5 immatriculée AH-123-AH est prié de cesser de se garer sur la place de Monsieur le Maire

Monsieur le Maire

URGENT !
Qui a trouvé une clé
de camion poubelle ?
Ramenez-la ici.
En attendant, je
démarre avec les fils.

MA FEMME, POUR PAS ÊTRE DÉÇU, JE L'AI PRISE MOCHE JEUNE.
ET ALORS ?
JE SUIS PAS DÉÇU !

HIVER QUI GÈLE
LES GRELOTS,
MUNICIPAL
AU BISTROT.

LA MAXIME DE *Christian*

« CHAQUE HEURE COMMENCÉE EST CONSIDÉRÉE COMME FINIE. »

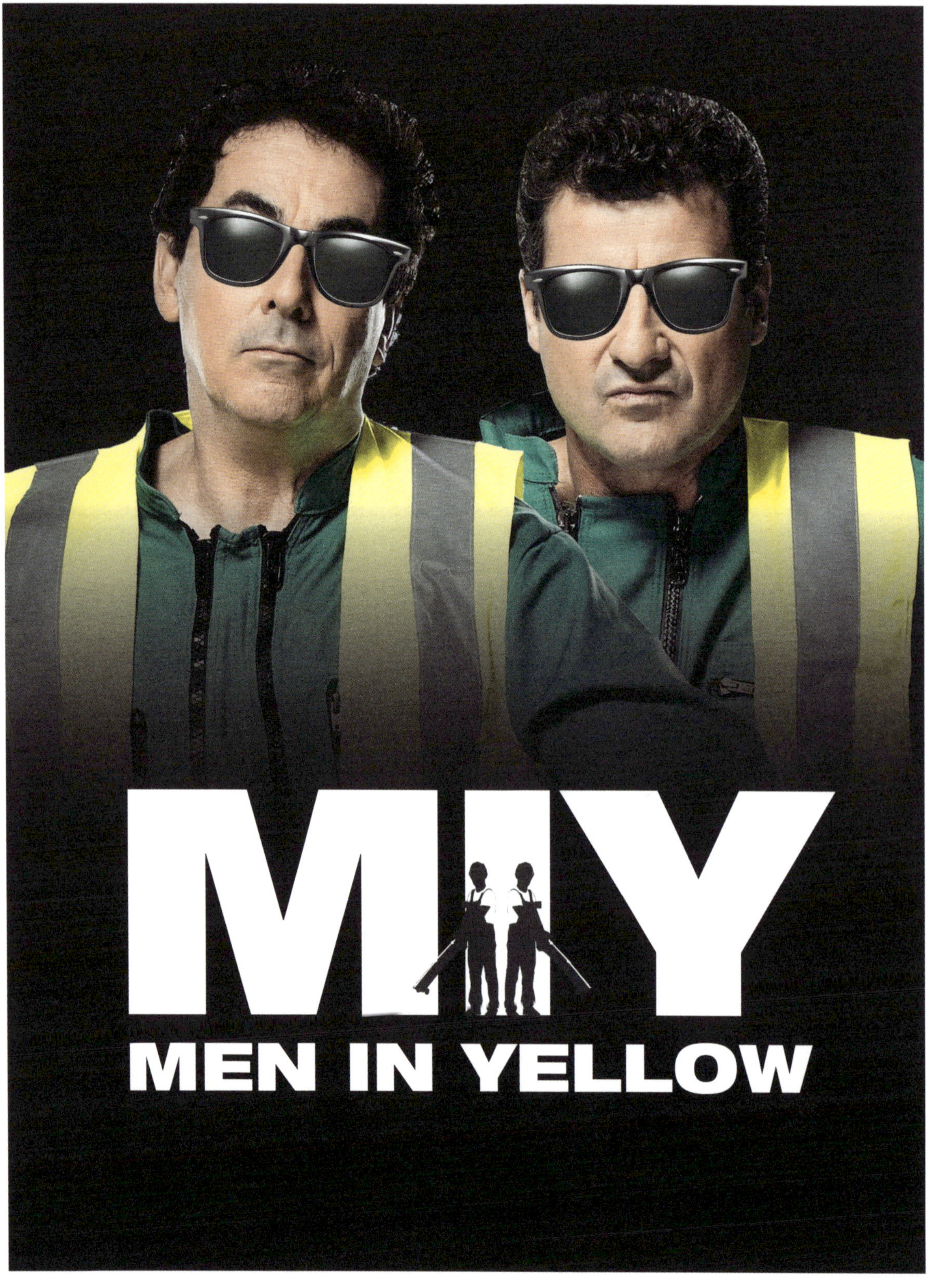
MIY
MEN IN YELLOW

HIVER QUI GÈLE
LES GRELOTS,
MUNICIPAL
AU BISTROT.

LA MINUTE SYNDICALE

TRUMP TRUMP TRUMP
ÇA TROMPE ÉNORMÉMENT
MACRON MACRON MACRON
~~TU L'AURAS DANS LE FION~~
FAUT NOUS DONNER DES
RONDS

PRÉPARATION DES FÊTES DE NOËL !

CETTE ANNÉE NOËL TOMBANT LE 25,
LA SOIRÉE DE NOËL DU SYNDICAT AURA LIEU LE 17.

L'ASSEMBLÉE GÉNÉRALE, À L'ISSUE DU GRAND APÉRITIF DE PRÉPARATION DES FÊTES DE NOËL, A DÉCIDÉ CECI :

AFIN DE RESPECTER LES SENSIBILITÉS RELIGIEUSES AU SEIN DU SYNDICAT, IL SERA, CETTE ANNÉE, CHOISI DE FAIRE UNE CRÈCHE ATHÉE BASÉE SUR UN TRAIN ÉLECTRIQUE TRANSPORTANT DES ROIS MAGES. LE CHAUFFEUR SERA DE COULEUR, L'ÂNE ET LE BŒUF REGARDERONT LE TRAIN PASSER.

AFIN DE RESPECTER LES DIFFÉRENTES ORIGINES ET CULTURES DE NOS PERSONNELS, CETTE ANNÉE LE REPAS DE NOËL SERA LE COUSCOUS DE NOËL.
L'ANNÉE DERNIÈRE, LA CHOUCROUTE DE NOËL AVAIT CONNU UN GROS SUCCÈS ET POURTANT IL EN RESTAIT PLEIN...
APPORTEZ VOS ~~TIPERWERE~~ ~~TEWEPERWARE~~ BOÎTES.

HIVER QUI GÈLE
LES GRELOTS,
MUNICIPAL
AU BISTROT.

RADIO MUNICIPAUX

Christian :
— Bonjour, vous êtes bien sur Radio Municipaux !

Gilbert :
— La radio de la ville, la radio pas débile.

Christian :
— Qu'est qu'on a au programme ce matin… hips ?

Gilbert :
— Le journal… hips… d'abord.

Christian :
— Eh bien, top journal !

Gilbert :
— International : Une… hips… poussée de cèpes inattendue en Lozère.

Christian :
— National ?

Gilbert :
— Le responsable du syndicat des propriétaires de bois en Lozère déclare : « Les cèpes sont la propriété de ceux qui ont les bois ! Gens de la ville, attention à vos voitures ! » Suite à cette provocation, le président du syndicat des amateurs de cèpes rétorque, je cite : « Hé connard ! Quand tu fais des bouchons en ville et que tu te gares devant la FNAC, est-ce qu'on te crève les pneus ? » Le débat est ouvert.

CHRISTIAN : « C'EST AU MATOS QU'ON A QU'ON SAIT SI ON A DES COUILLES. »

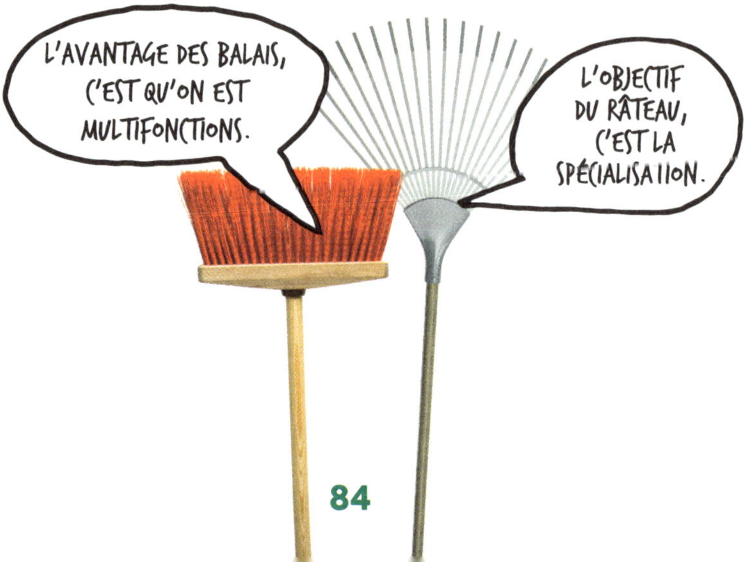

HIVER QUI GÈLE
LES GRELOTS,
MUNICIPAL
AU BISTROT.

COMMENT RETROUVER LE GOÛT UNIQUE DE LA *Tisane* de Véro pour dormir ?

Ingrédients

• 2 feuilles de tilleul
• 15 cl de rhum agricole
• 10 cl de get

Saison conseillée

Toutes

Moment de la journée conseillé

Tous

Avantages

On dort vraiment mieux

EXPERT
TRUCS & ASTUCES

DEVENEZ
UN HÉROS
DU QUOTIDIEN !
Christian
Profession :
maître de nature
"TIENS-TOI BIEN,
NATURE ÉCHEVELÉE,
IL EST LÀ L'HOMME
QUI VA TE DOMPTER."
MUNICIPAL, CHACUN SA RAISON D'EN ÊTRE

HIVER QUI GÈLE
LES GRELOTS,
MUNICIPAL
AU BISTROT.

GEL, GRÊLE, FROID...

NE PRENEZ PAS DE RISQUES !

ATTENTION ! L'HIVER EST UNE RUDE SAISON

MATÉRIEL DE SÉCURITÉ OBLIGATOIRE

UN THERMOS AVEC GROG CHAUD

UN SAC DE PREMIERS SECOURS (MIGNONNETTE DE RICARD, SAUCISSON, FROMAGE)

DEUX NUMÉROS DE TÉLÉPHONE D'URGENCE

NE PAS PRENDRE DE RISQUE AVEC SA SANTÉ

EN CAS DE TROP MAUVAIS TEMPS, RESTEZ CHEZ VOUS !

IL VAUT MIEUX UNE JOURNÉE RATÉE QU'UNE GRIPPE MAL SOIGNÉE.

À SAVOIR

LA NUIT TOMBE PLUS TÔT EN HIVER, NE VOUS LAISSEZ PAS SURPRENDRE.

EN CAS DE GEL, APPELEZ CHRISTIAN

L'HIVER ARRIVE !

PROMO SPÉCIALE MUNICIPAUX !

-100 % SUR LE 3e

**Cache-oreilles « Top moumoute ».
Pour ne pas geler des oreilles
tout en nettoyant nos villes.
100 % poils synthétiques (convient
aux végans.)**

HIVER QUI GÈLE
LES GRELOTS,
MUNICIPAL
AU BISTROT.

LE TRUC DE CHRISTIAN

COMME JE DIS À MA *femme*

« À TON AVIS ? ON EST CONS PARCE QU'ON BOIT OU ON BOIT PARCE QU'ON EST CONS ? »

Une journée dans la vie trépidante du **Maire**

8.00 Petit déjeuner en regardant les nouvelles à la télé

9.00

10.00 Vélo d'appartement

11.00 Arrivée mairie

12.00 11h10 Départ mairie

13.00 Tennis avec le sous-préfet

14.00 Déjeuner de travail avec la secrétaire

15.00

16.00

17.00

18.00 Retour à la mairie

19.00 Réunion apéritif au Lions Club

20.00 Réunion débat Association des maires de France,

thème : les maires sont-ils assez respectés ?

HIVER QUI GÈLE
LES GRELOTS,
MUNICIPAL
AU BISTROT.

Il a fallu des milliers d'ordres de mission
pour que cette aventure devienne possible.

HIVER QUI GÈLE
LES GRELOTS,
MUNICIPAL
AU BISTROT.

PRINTEMPS
BIEN GAULÉ
PRINTEMPS
RTT.

MARS

Jour	Date	Semaine	Notes
V	1		
S	2		
D	3		
L	4		
M	5	10	
M	6		
J	7		
V	8		
S	9		
D	10		
L	11		Collage des affiches électorales du maire
M	12	11	
M	13		
J	14		
V	15		
S	16		
D	17		
L	18		
M	19	12	
M	20		
J	21		
V	22		
S	23		
D	24		
L	25		
M	26	13	
M	27		
J	28		
V	29		
S	30		
D	31		

AVRIL

Jour	Date	Semaine	Notes
L	1		
M	2	14	
M	3		
J	4		
V	5		
S	6		
D	7		
L	8		
M	9	15	
M	10		
J	11		
V	12		
S	13		
D	14		
L	15		Pâques / férié
M	16	16	RTT
M	17		
J	18		
V	19		Journée du maire
S	20		Braderie ville
D	21		8 h supplémentaires
L	22		Rattrapage heures supplémentaires braderies
M	23	17	
M	24		
J	25		
V	26		
S	27		
D	28		
L	29		
M	30		

MAI

Mois des manifestations
Objectif 20 jours

Jour	Date	Semaine
M	1	
J	2	18
V	3	
S	4	
D	5	
L	6	
M	7	19
M	8	
J	9	
V	10	
S	11	
D	12	
L	13	
M	14	20
M	15	
J	16	
V	17	
S	18	
D	19	
L	20	
M	21	21
M	22	
J	23	
V	24	
S	25	
D	26	
L	27	
M	28	22
M	29	
J	30	
V	31	

PRINTEMPS
BIEN GAULÉ
PRINTEMPS
RTT.

L'ASTUCE DE SAISON

COMMENT FAIRE UNE SIESTE EN SE PROTÉGEANT DES ALLERGIES AUX POLLENS

1

CHOISIR L'ARBRE SOUS LEQUEL ON DORT (ÉVITER SAULES ET TILLEULS).

2

SE CACHER SOUS UNE BÂCHE POUR DORMIR.

3

DORMIR SOUS UN CAMION MUNICIPAL (ATTENTION ! GARDER LES CLÉS DANS SA POCHE).

4

LE PLUS SÛR : RENTRER CHEZ SOI POUR LA SIESTE.

EXPERT
CONSEIL DE SAISON

LA MINUTE
SYNDICALE

DES HORAIRES MAÎTRISÉS
UNE SANTÉ PRÉSERVÉE
NON AUX CADENCES INFERNALES
POUR L'EMPLOYÉ MUNICIPAL

PRINTEMPS BIEN GAULÉ PRINTEMPS RTT.

FEUILLETON DE LA SEMAINE

LE STAGE DE MANIF...

PARTIE 1

LE PRINTEMPS COMMENCE BIEN !

PROMO SPÉCIALE MUNICIPAUX !

Coussin gonflable « Ni vu ni connu ».
L'indispensable de vos siestes.
100 % camouflage pelouse…

-100 % SUR LE 3^{e}

PRINTEMPS
BIEN GAULÉ
PRINTEMPS
RTT.

COMME DISAIT *mon père*

« CHRISTIAN, PENSE COMME UN CHIEN : SI ÇA SE MANGE PAS, SI ÇA SE BAISE PAS, PISSE DESSUS. »

LES INDISPENSABLES DU MUNICIPAL

EXPERT
TRUCS & ASTUCES

Son manche rigide permet de s'appuyer.

Ils protègent les mains des employés municipaux qui jouent du piano.

Indispensable pour prévenir les copains de l'arrivée d'un chef de droite.

PRINTEMPS
BIEN GAULÉ
PRINTEMPS
RTT.

LE BUS SCOLAIRE

Ce bus scolaire est collector car on peut désactiver la sécurité de démarrage anti-alcool.

Pour cette raison, ce bus est surnommé « La Belle Époque ».

Une odeur de pieds vieille de 20 ans s'est fondue avec celle de retours gastriques dus aux virages.

On reconnaît son bus les yeux fermés.

VÉHICULE DU MOIS

FEUILLETON DE LA SEMAINE

LE STAGE DE MANIF...

PARTIE 2

PRINTEMPS
BIEN GAULÉ
PRINTEMPS
RTT.

COMME JE DIS À MA *femme*

« QUAND JE CONDUIS, TAIS-TOI, IL Y A DÉJÀ LA CONNE DU GPS QUI PARLE... »

LA DEVINETTE

Le gâteau à Véro

Ingrédients

Le gâteau est une quiche qui se mange à la fin du repas.
C'est donc la même recette que la « Quiche à Véro » sauf qu'on remplace les lardons par des bouts de pommes.
Attention : on peut manger les deux dans le même repas à condition d'avoir repéré où est le lit avant.

L'INSTANT POÉSIE DE *Gilbert*

« Le camion poubelle est à la maison ce que la mémoire est au cerveau. Il sélectionne, il trie, il fait disparaître ! »

PRINTEMPS
BIEN GAULÉ
PRINTEMPS
RTT.

BALAI, MON AMI...

Un manche ergonomique en bois tendre qui, avec le temps, enregistre l'empreinte des doigts.

En poil synthétique naturel, il abrase le détritus mais embrasse la poussière avec délicatesse pour qu'elle se laisse attraper.

OUTILS DU MOIS

FEUILLETON DE LA SEMAINE

L'OSMOSE

PRINTEMPS
BIEN GAULÉ
PRINTEMPS
RTT.

CHRISTIAN A TESTÉ LA NOUVELLE ROTOFILEUSE "CHEVAL" !

MANIABILITÉ

1,2 kg soit le poids d'une belle côte de bœuf charolais.
Permet de rotofiler en free-style.
Et même de faire des dessins en coupant l'herbe.
La rotofileuse cheval est le stylo du municipal.

LES PERFORMANCES

Version électrique, ne consomme rien.
Le municipal devient un félin.
Il rotofile à pas de loup, guidé par un œil de lynx.

MISE EN GARDE

Le fait qu'elle soit silencieuse favorise la somnolence...

OUTILS DU MOIS

RHUME DES FOINS, POLLENS...

NE PRENEZ PAS DE RISQUES !

LE PRINTEMPS, « CET ENNEMI QUI SE RÉVEILLE ».
LE PRINTEMPS, UNE SAISON « FAUX-CUL ».
LE PRINTEMPS EST SÉDUISANT MAIS DANGEREUX.

LES PRINCIPAUX DANGERS :

SOUS-ESTIMER LA VITESSE DE POUSSE DE L'HERBE

NE PAS TONDRE UN VENDREDI CAR LE LUNDI ON POURRAIT DIRE QUE VOUS N'AVEZ RIEN FAIT.

POLLENS DÉCLENCHANT DES ALLERGIES : LE TILLEUL, LE PEUPLIER, LE PLATANE, LE SAULE PLEUREUR, LE TROÈNE, LE PIN, LE LAURIER...

BREF, RESTEZ CHEZ VOUS.

ATTENTION AUX GIBOULÉES DE PRINTEMPS ! ON SORT HABILLÉ COMME EN ÉTÉ ET D'UN COUP IL FAIT FROID COMME EN HIVER.

EN CAS D'ÉTERNUEMENTS, APPELEZ CHRISTIAN

PRINTEMPS
BIEN GAULÉ
PRINTEMPS
RTT.

RADIO MUNICIPAUX

Christian :
– Sport ?

Gilbert :
– Le Championnat de France des employés municipaux de pétanque aura lieu du 1er janvier 2020 au 30 mai 2021. On compte déjà 70 000 inscrits. Le tirage au sort aura lieu du 15 novembre au 20 janvier. À noter que le syndicat de notre ville a obtenu que les parties se déroulent pendant les heures de travail afin de ne pas déséquilibrer la vie de famille.

Christian :
– C'est la moindre des choses.

M.T.
LE MUNICIPAL TERRESTRE

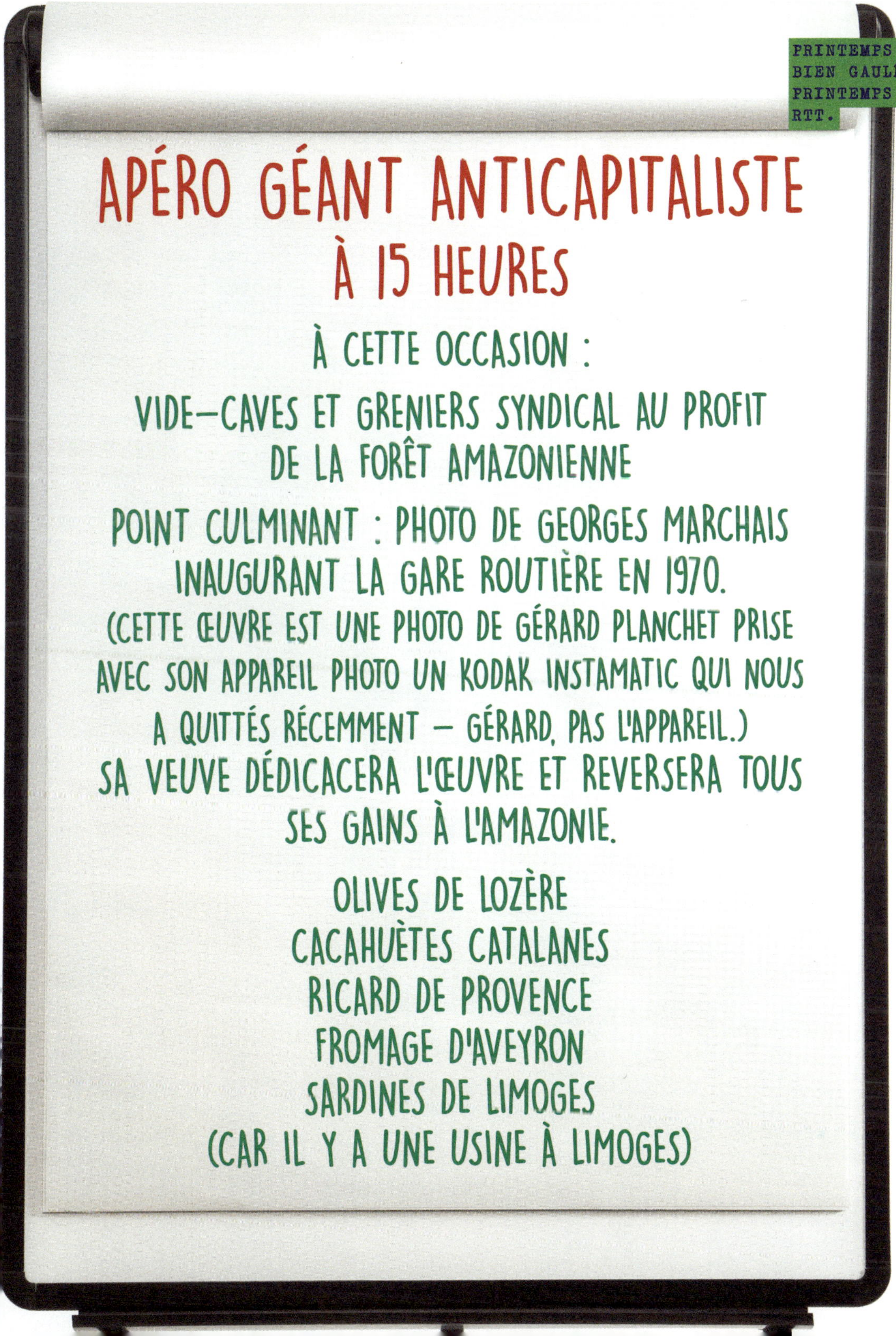
APÉRO GÉANT ANTICAPITALISTE
À 15 HEURES
À CETTE OCCASION :
VIDE-CAVES ET GRENIERS SYNDICAL AU PROFIT DE LA FORÊT AMAZONIENNE
POINT CULMINANT : PHOTO DE GEORGES MARCHAIS INAUGURANT LA GARE ROUTIÈRE EN 1970.
(CETTE ŒUVRE EST UNE PHOTO DE GÉRARD PLANCHET PRISE AVEC SON APPAREIL PHOTO UN KODAK INSTAMATIC QUI NOUS A QUITTÉS RÉCEMMENT – GÉRARD, PAS L'APPAREIL.)
SA VEUVE DÉDICACERA L'ŒUVRE ET REVERSERA TOUS SES GAINS À L'AMAZONIE.
OLIVES DE LOZÈRE
CACAHUÈTES CATALANES
RICARD DE PROVENCE
FROMAGE D'AVEYRON
SARDINES DE LIMOGES
(CAR IL Y A UNE USINE À LIMOGES)

FITNESS

Suite aux trop nombreuses demandes, le secrétariat du Syndicat a décidé de créer des catégories pour les femmes souhaitant s'y inscrire.

Lundi : de 40 à 55 kg

Mardi : de 55 à 70 kg.

Mercredi : de 70 à 80 kg.

Josiane pourra venir le jeudi.

LOISIRS

Christian donnera un cours de montage-démontage et de porte-voix en vue des manifestations du printemps.

S'inscrire auprès de Gilbert qui lui transmettra.

SAMEDI 15 HEURES

Débat avant paella géante

Thème : Les enfoirés du privé

PRINTEMPS
BIEN GAULÉ
PRINTEMPS
RTT.

ATELIERS SLOGANS

Tous les jeudis à 20 heures, atelier création de slogans pour les manifs.
Entrée libre.
On doit amener ses boissons.

PERDU TEE-SHIRT
« CHE GUEVARA »
TAILLE XXL.
VALEUR SENTIMENTALE
CAR ANCIEN CADEAU
DE MARIAGE

Cède deux places dans bus pour Paris, à l'occasion de la manifestation unitaire de la fonction publique, en raison de la finale du top 14.

UNE JOURNÉE DANS LA VIE PALPITANTE DE *Gilbert*

8 H

Attendre les autres
à la machine à café

9 H

10 H

Briefing journée

11 H30

Cantine

12 H

14 H à 17 h

S'isoler pour apprendre l'histoire drôle pour le championnat de l'histoire drôle des municipaux

15 H

16 H

17 H

18 H

C'est un ~~[illegible]~~ paysan qui a une
poule qui pond des oeufs carrés.
Les chercheurs de l'Inra
apprennent ça et achètent
à prix d'or la poule qui pond des
oeufs carrés.
Ils l'enferment dans un poulailler
d'étude et de recherche, et, à partir
de ce moment, la poule ne pond
plus que des oeufs ~~[illegible]~~ normaux,
ovales.
On convoque le fermier.
Il est effaré et demande
à s'entretenir seul à seul ~~[illegible]~~ avec
la poule.
"C'est quoi, ce bordel ? Je t'ai
vendue cher et maintenant je passe
pour un voleur ! Re-ponds
des oeufs carrés !"
Réponse de la poule : "C'est
pas maintenant que je suis
fonctionnaire que je vais me
casser le cul."

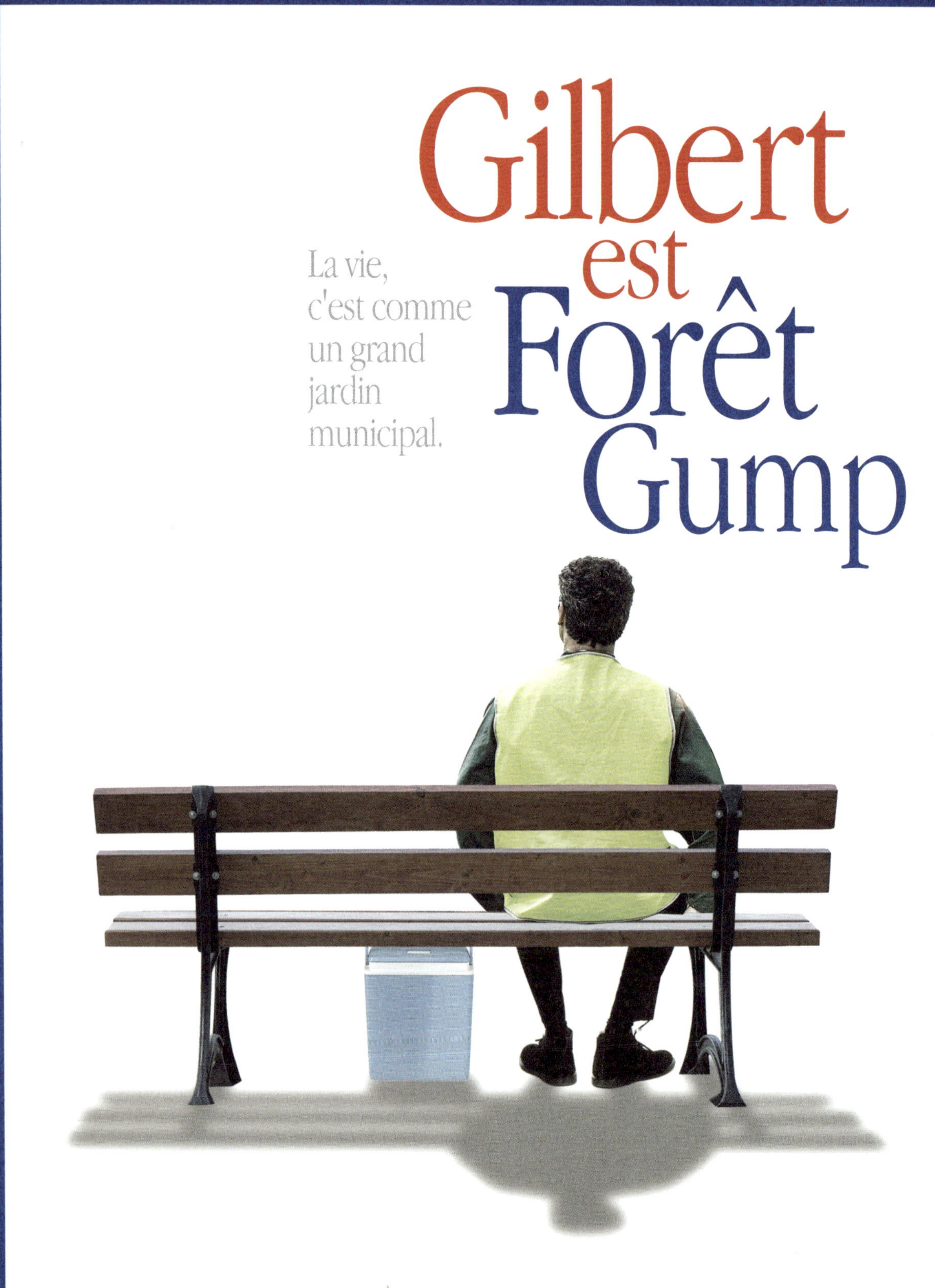
Gilbert
est
Forêt
Gump
La vie,
c'est comme
un grand
jardin
municipal.

PRINTEMPS
BIEN GAULÉ
PRINTEMPS
RTT.

LA MAXIME DE *Christian*

(RÉVOLUTIONNAIRE RANGÉ)

«POUR SE FAIRE RÉCUPÉRER PAR PERSONNE, ON N'A QU'À PAS ALLER À LA MANIF, ET C'EST EN RESTANT CHEZ NOUS, QU'ON PROUVERA QU'ON EST LES PLUS NOMBREUX DANS LA RUE.»

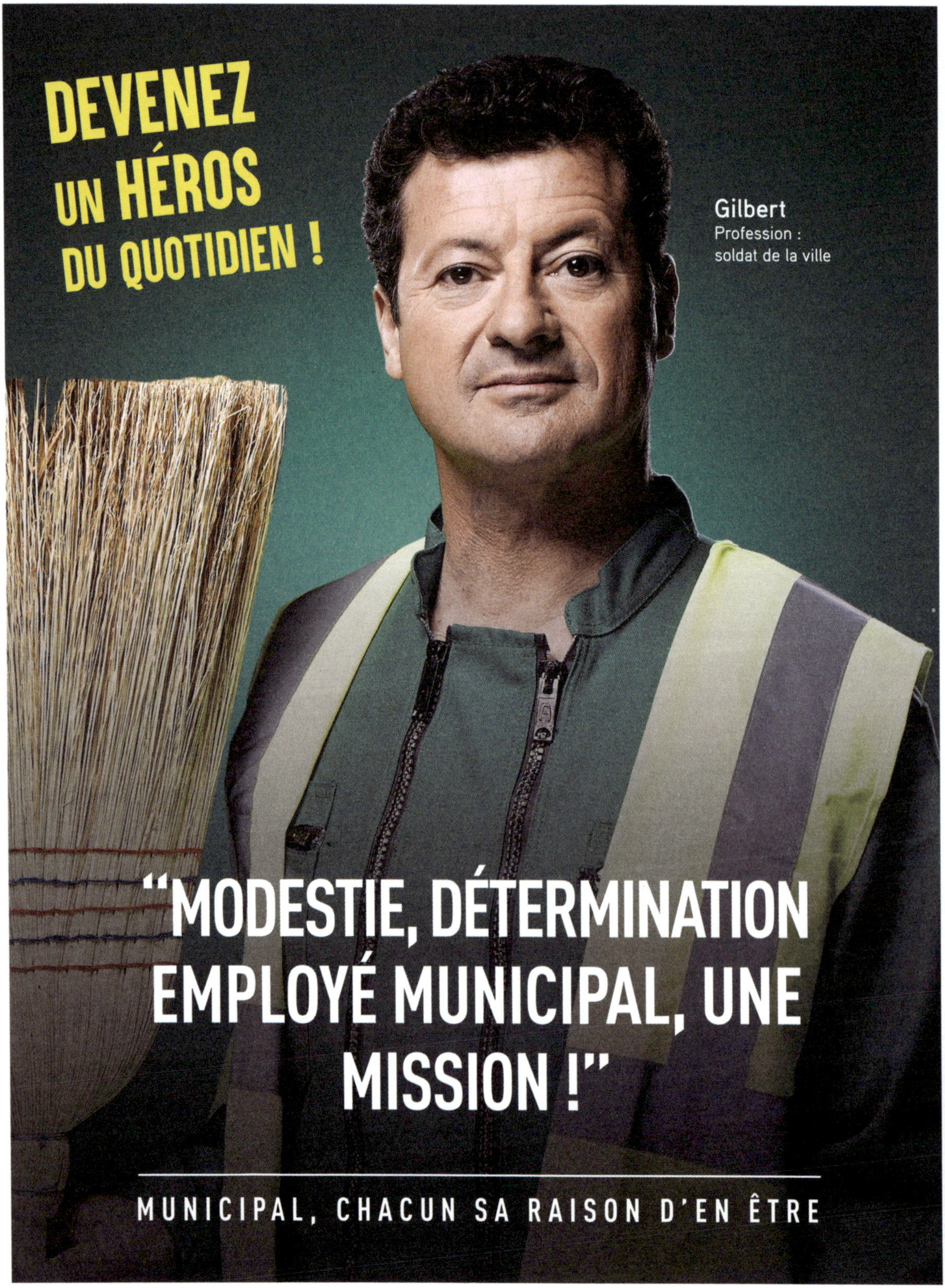
DEVENEZ
UN HÉROS
DU QUOTIDIEN !
Gilbert
Profession :
soldat de la ville
"MODESTIE, DÉTERMINATION
EMPLOYÉ MUNICIPAL, UNE
MISSION !"
MUNICIPAL, CHACUN SA RAISON D'EN ÊTRE

PRINTEMPS
BIEN GAULÉ
PRINTEMPS
RTT.

COMME JE DIS DE MA *femme*

« MA FEMME, JE L'AI CONNUE DANS UNE SURPRISE-PARTIE. AU DÉPART, JE DEVAIS ÉPOUSER SA SŒUR, QUI EST PARTIE, ET DE ME RETROUVER AVEC ELLE, ÇA A ÉTÉ UNE VRAIE SURPRISE. »

DICTON DE SAISON

« AU MOIS D'AVRIL, NE TE DÉCOUVRE PAS D'UN FIL ; AU MOIS DE MAI, SURVEILLE TES RTT. »

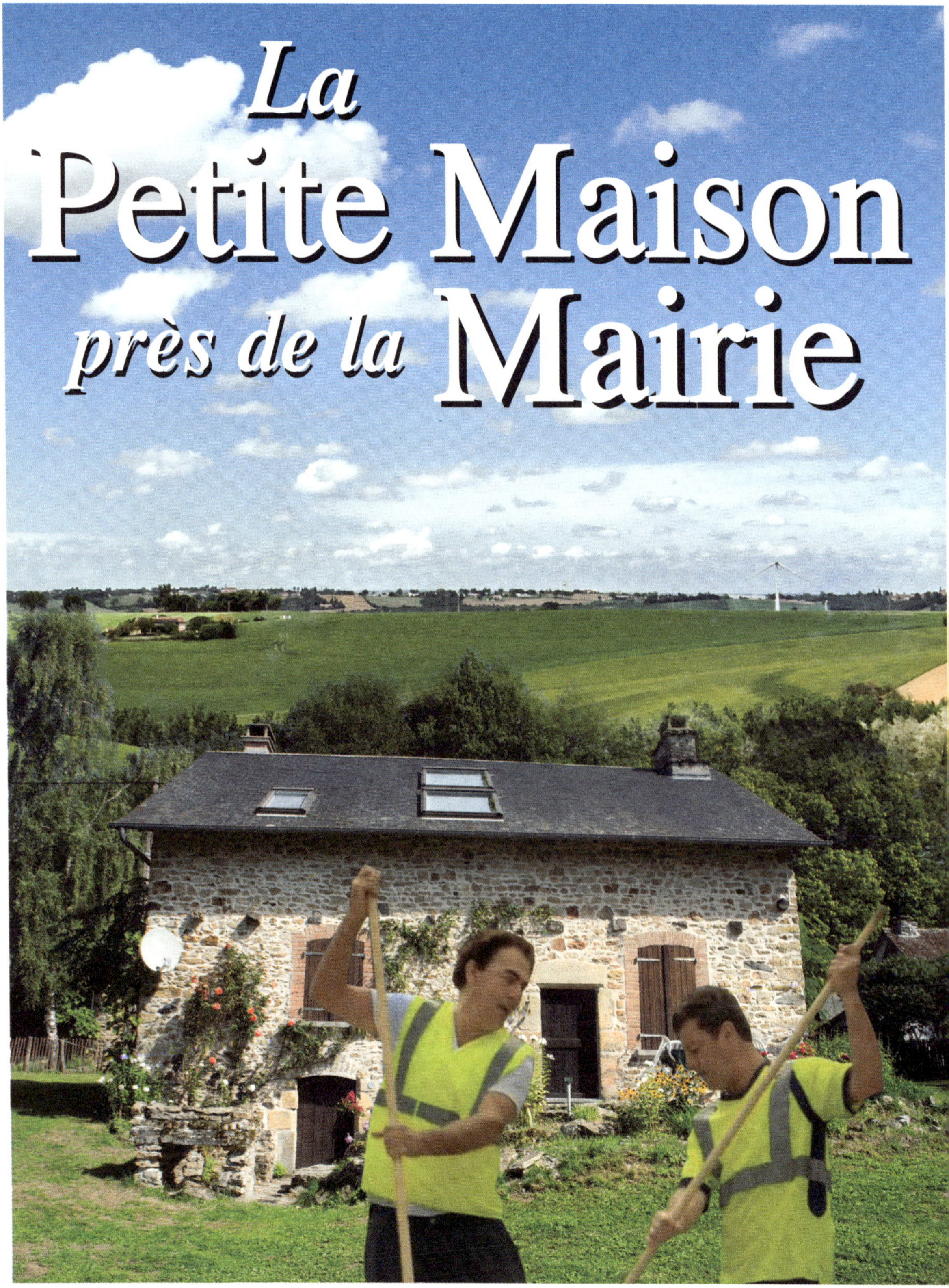
La
Petite Maison
près de la Mairie

FEUILLETON DE LA SEMAINE

LA NATURE

PRINTEMPS
BIEN GAULÉ
PRINTEMPS
RTT.

FEUILLETON DE LA SEMAINE

LES RTT

PRINTEMPS
BIEN GAULÉ
PRINTEMPS
RTT.

POURQUOI ON SE TOURNE ?
POUR QUE LES GENS NE VOIENT PAS NOTRE FATIGUE.

PRINTEMPS
BIEN GAULÉ
PRINTEMPS
RTT.

LA MINUTE SYNDICALE

TOUS ENSEMBLE.
TOUS ENSEMBLE.
TOUS ENSEMBLE. CONTRE !
TOUS ENSEMBLE.
TOUS ENSEMBLE.
TOUS ENSEMBLE. CONTRE !

ÉTÉ SURCHAUFFÉ, MUNICIPAL BIEN CACHÉ.

JUIN	Semaine	
S 1		
D 2		
L 3		
M 4	23	
M 5		
J 6		
V 7		Tournoi de pétanque
S 8		de la fonction publique
D 9		
L 10		
M 11	24	
M 12		
J 13		
V 14		
S 15		
D 16		
L 17		
M 18	25	
M 19		Préparation Fête
J 20		de la musique, montage
V 21		de scènes-heures sup
S 22		
D 23		
L 24		
M 25	26	
M 26		
J 27		
V 28		
S 29		
D 30		

JUILLET	Semaine	
L 1	27	Rattrapage RTT
M 2		
M 3		
J 4		
V 5		
S 6		
D 7		
L 8		
M 9	28	
M 10		
J 11		
V 12		
S 13		Pont du 14 Juillet
D 14		
L 15		
M 16	29	
M 17		
J 18		
V 19		
S 20		
D 21		
L 22		Vérification matériel dépôt
M 23	30	
M 24		
J 25		
V 26		
S 27		
D 28		
L 29		
M 30	31	
M 31		

AOUT	Semaine	
J 1		Vacances enfin !
V 2		Camping d'Argelès, place de caravane : allée Tramontane, n°22
S 3		
D 4		
L 5		
M 6	32	
M 7		
J 8		
V 9		
S 10		
D 11		
L 12		
M 13	33	
M 14		
J 15		
V 16		
S 17		
D 18		
L 19		
M 20	34	
M 21		
J 22		
V 23		
S 24		
D 25		
L 26		
M 27	35	
M 28		
J 29		
V 30		
S 31		

ÉTÉ SURCHAUFFÉ,
MUNICIPAL BIEN
CACHÉ.

L'ASTUCE DE SAISON

COMMENT FAIRE UNE SIESTE HYDRATÉE

1

SE COUCHER SOUS UN ARBRE.

2

INSTALLER DANS L'ARBRE UNE BOUTEILLE PERFORÉE REMPLIE D'EAU POUR UNE DOUCHE NATURELLE.

3

IL SUFFIT DE TIRER SUR LA FICELLE POUR PENCHER LA BOUTEILLE.

4

NE PAS TRAVAILLER À PLUS DE 20 MÈTRES D'UN POINT D'EAU DE SECOURS.

EXPERT
CONSEIL DE SAISON

LA MINUTE SYNDICALE

ENSEMBLE POUR ÊTRE PLUSIEURS !

ÉTÉ SURCHAUFFÉ, MUNICIPAL BIEN CACHÉ.

L'INSTANT POÉSIE DE *Gilbert*

« Il m'est arrivé,
lorsque je vois un
trottoir parfaitement
lisse, propre,
sans un papier,
sans un mégot,
sans une feuille...
de me dire :
"Oui, Dieu existe". »

LE TRUC DE CHRISTIAN

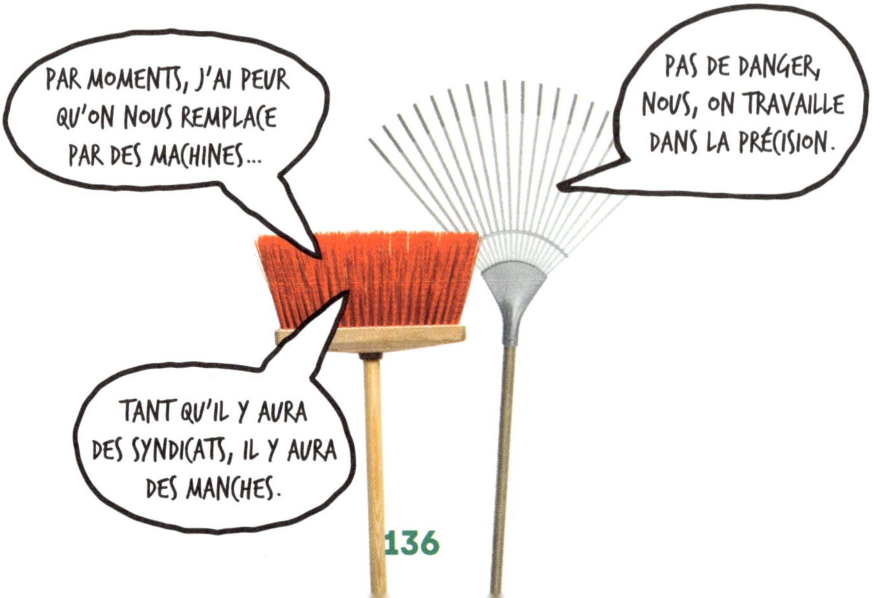

La recette à Véro

Les merguez aux 3 sauces

Ingrédients

- Inviter des amis
- Installer des tables de camping
- Disposer des assiettes en carton
- Prévoir des gobelets plastiques
- Penser aux cubis rosé, rouge et blanc
- Faire griller les merguez
- Ne pas oublier les 3 sauces

FEUILLETON DE LA SEMAINE

LES BOULES

ÉTÉ SURCHAUFFÉ, MUNICIPAL BIEN CACHÉ.

LA MAXIME DE *Christian*

(TITULAIRE PHILOSOPHE)

**« UN TITULAIRE,
IL PREND DU RECUL,
IL ANALYSE ET RÉFLÉCHIT…
IL RÉFLÉCHIT AU
TRAVAIL QU'IL A FAIT,
AU TRAVAIL QU'IL FERA,
AU TRAVAIL QU'IL
N'AURA PEUT-ÊTRE PAS
LE TEMPS DE FAIRE. »**

ÉTÉ SURCHAUFFÉ, MUNICIPAL BIEN CACHÉ.

TALKIE-WALKIE,

TU AS CHANGÉ MA VIE…

Ton antenne tribande permet une réception même au PMU.

Ton cadran digital auto-éclairé permettrait à celui qui voudrait travailler la nuit de pouvoir le faire. (On sait jamais.)

Ta position Mayday SOS donne l'alerte à tout moment (foulure, burn-out, grève surprise…).

OUTILS DU MOIS

Martine Plantade du service cartes d'identité présentera son diaporama annuel au foyer Georges-Marchais.
Thème du diaporama :
« De Poitiers à Laval
en passant par les petites routes ».
Il reste de la place.

MARDI 14 JUIN

Débat au local du syndicat

Thème du débat : « Caravane pliante ou camping sauvage ? »

Vu le succès du dernier débat « Galerie sur le toit ou remorque à l'arrière ? », le débat aura lieu dans la grande salle.

Vends 12 ronds de serviette pyrogravés,
Série « Les grands communistes » : Staline, Buffet, Marchais, Fidel Castro, etc. Jamais servi.

ÉTÉ SURCHAUFFÉ, MUNICIPAL BIEN CACHÉ.

Vends deux plaids à l'effigie de « Mélenchon, Président ! »
Ces deux plaids de voiture s'adaptent de la Laguna au Ford Transit.
État neuf, 15 euros pièce, 40 euros la paire.

Cours de cuisine de Véro : la tarte aux œufs.
Mi-tortilla, mi-crème renversée,
ce nouveau plat est une création de Véro.
À l'issue de la recette, une dégustation est possible, mais pas obligatoire.

TRINQUER, CE N'EST PAS BOIRE

LA DEVINETTE

ÉTÉ SURCHAUFFÉ, MUNICIPAL BIEN CACHÉ.

LE TRUC DE CHRISTIAN

TOUJOURS SALIR SES TENUES DE TRAVAIL.
TROP PROPRE, TROP NEUF ENGENDRE LA CRITIQUE.

COMME JE DIS À MA *femme*

« JE PRÉFÈRE VOYAGER DANS LES PAYS PAUVRES, ON SE SENT PLUS HEUREUX. »

LA PRESSION SELON CHRISTIAN ET GILBERT

ÉTÉ SURCHAUFFÉ, MUNICIPAL BIEN CACHÉ.

LES SECRETS POUR PRÉPARER CORRECTEMENT LA glacière

La respecter

• Elle doit être toujours propre.
• Sentir le liquide vaisselle.
• Être fraîche.
• C'est comme l'un des enfants de la maison. D'ailleurs, on la prend par la main pour traverser.

Le petit truc en plus

• Rajouter un rouleau de papier toilette dans la glacière.
Il sert à caler les bouteilles et vous donnera une sensation de frais à l'utilisation.

Ne pas la bourrer

• On ne bourre pas une glacière.
• Un minimum d'espace doit rester vide, pour que les calories chaudes ne gagnent pas sur les calories froides.

Bien la ranger

• On place la viande et le jambon au fond de la glacière. Ainsi, les bouteilles sont mieux calées.

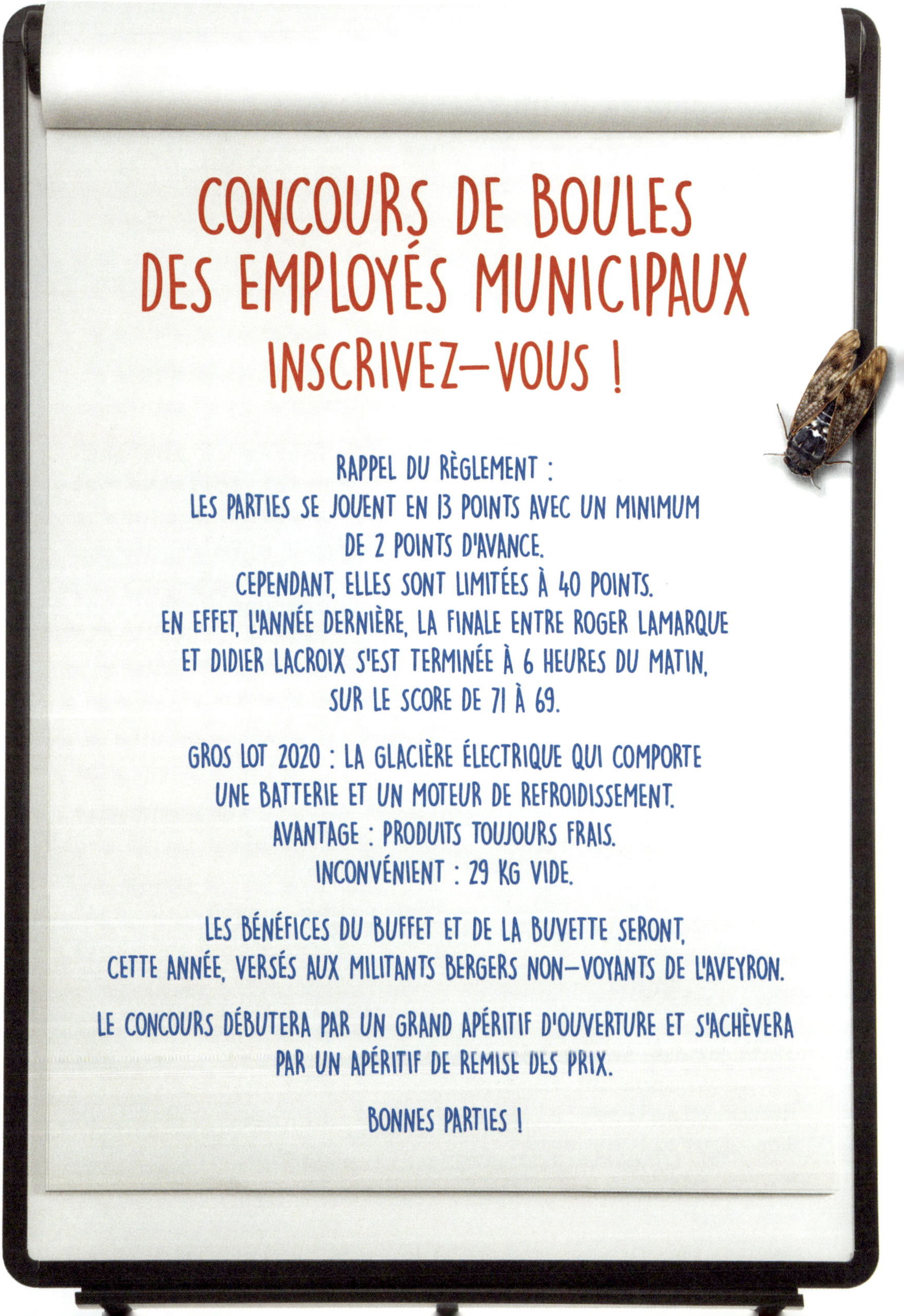
CONCOURS DE BOULES
DES EMPLOYÉS MUNICIPAUX
INSCRIVEZ-VOUS !
RAPPEL DU RÈGLEMENT :
LES PARTIES SE JOUENT EN 13 POINTS AVEC UN MINIMUM
DE 2 POINTS D'AVANCE.
CEPENDANT, ELLES SONT LIMITÉES À 40 POINTS.
EN EFFET, L'ANNÉE DERNIÈRE, LA FINALE ENTRE ROGER LAMARQUE
ET DIDIER LACROIX S'EST TERMINÉE À 6 HEURES DU MATIN,
SUR LE SCORE DE 71 À 69.
GROS LOT 2020 : LA GLACIÈRE ÉLECTRIQUE QUI COMPORTE
UNE BATTERIE ET UN MOTEUR DE REFROIDISSEMENT.
AVANTAGE : PRODUITS TOUJOURS FRAIS.
INCONVÉNIENT : 29 KG VIDE.
LES BÉNÉFICES DU BUFFET ET DE LA BUVETTE SERONT,
CETTE ANNÉE, VERSÉS AUX MILITANTS BERGERS NON-VOYANTS DE L'AVEYRON.
LE CONCOURS DÉBUTERA PAR UN GRAND APÉRITIF D'OUVERTURE ET S'ACHÈVERA
PAR UN APÉRITIF DE REMISE DES PRIX.
BONNES PARTIES !

ÉTÉ SURCHAUFFÉ, MUNICIPAL BIEN CACHÉ.

L'INSTANT POÉSIE DE *Gilbert*

« Faire un carreau
à la pétanque,
C'est plus dur
que de participer
à une partouze.
Car, à la pétanque,
tu ne sais pas
ce que vont faire
les boules à côté. »

007

ÉTÉ SURCHAUFFÉ, MUNICIPAL BIEN CACHÉ.

LE MENU DIET DE L'ÉTÉ

VOUS VOULEZ RESSEMBLER À ÇA ?

NON !

On travaille, nous, on fait pas les Jeux olympiques !

Continuez l'omelette et le pâté de tête ! Nos corps sont des livres qui ont en mémoire ce qu'on a mangé.

LES INDISPENSABLES DU MUNICIPAL

Mini-bouteilles
appelées
« mignonnettes »
Se cachent dans
les vestes,
les doublures,
les boîtes à gants.
Bien utiles
en cas d'oubli !

EXPERT
TRUCS & ASTUCES

La paire de boules :
environ 700g pièce.
Le top du top :
les faire graver
à son nom.

LE TRUC DE CHRISTIAN

BROUETTE, FOR EVER...

Christian : « La brouette est une extension de mon cerveau, il y a de la place et elle est disponible. Attention ! Pas d'amortisseur pour sentir, grâce à la roue, la nature du terrain.
Rouge, on la retrouve, verte, on se cache avec.
À vous de voir. »

ÉTÉ SURCHAUFFÉ, MUNICIPAL BIEN CACHÉ.

COMME JE DIS À MA *femme*

« JE SUIS POUR L'ÉGALITÉ DES SEXES. UNE FOIS SUR DEUX, TU PORTERAS LA BOUTEILLE DE GAZ. »

LA DEVINETTE

LE TRUC DE CHRISTIAN

ÉTÉ SURCHAUFFÉ, MUNICIPAL BIEN CACHÉ.

RADIO MUNICIPAUX

Christian :
– La nouvelle du jour :
Gilbert Lavergne, notre camarade, a été nommé titulaire. Une grande fête sera organisée ce soir afin de fêter l'événement.

Gilbert :
– Bravo à lui ! Et maintenant un disque de Jean Ferrat, *La Montagne*.

Christian :
– Encore ? tu l'as passée 4 fois hier…

ÇA Y EST, JE SUIS TITULAIRE ! J'AI LA PÊCHE POUR TRAVAILLER.
MAIS T'ES CON ! T'ES TITULAIRE...

ÉTÉ SURCHAUFFÉ, MUNICIPAL BIEN CACHÉ.

LA MINUTE SYNDICALE

PUBLIC, PRIVÉ, ARRÊTEZ DE NOUS DIVISER, PAYEZ-NOUS AUTANT QUE CES ENFOIRÉS !

TESTEZ-LE !
UNE SENSATION UNIQUE !
NON À L'ALCOOL
OUI AU PASTIS !

ÉTÉ SURCHAUFFÉ, MUNICIPAL BIEN CACHÉ.

LE PROBLÈME DES CHEFS, C'EST QU'ILS ONT PAS ENVIE DE BOSSER.

À vendre cause double emploi :
Coffret kit complet de manif 2019 avec crécelles, pétards, boules puantes, sifflet, etc.

Résultats du vote :

Pour la destination du voyage de fin d'année des employés municipaux, étaient proposés au choix :

- 3 jours à Paris avec visite du musée du Louvre, Beaubourg, Montmartre, les embouteillages et la pollution qui vont avec… 1 voix
- Ou 3 jours au col du Perthus, son alcool détaxé, ses magasins de fringues et son tabac à moitié prix… 112 voix

Pour la 7e année consécutive, le Perthus est adopté.

ÉTÉ SURCHAUFFÉ, MUNICIPAL BIEN CACHÉ.

STAGE

**Si vous voulez vous faire tirer par une vedette, stage de parachute derrière hors-bord.
S'adresser à Josette qui vous expliquera le matériel qu'il faut pour se faire tirer par une vedette.**

Grand repas des chasseurs

Amis chasseurs, vous êtes conviés avec vos familles à un grand repas de chasse.
Avec diaporama sur le thème « Tuer un jeune cerf sans qu'il souffre. »

Un menu végan est prévu pour les opposants.

Femme de Christian vend boules de vainqueur (pétanque) : s'adresser au guichet piscine où Christine vous dira où je suis.

LES 5 COMMANDEMENTS DU MUNICIPAL

I

MOI, TITULAIRE, JE PROMETS
DE TRAVAILLER AVEC LE MÊME ENTRAIN
DE 11 HEURES À 15 HEURES
POUR SERVIR LA VILLE
ET NOS CONCITOYENS.

II

MOI, TITULAIRE, JE PROMETS
DE NE JAMAIS ARRIVER EN AVANCE
SUR MON LIEU DE TRAVAIL NI D'EN PARTIR
EN RETARD SOUS PEINE DE PÉNALISER
MES CAMARADES PAR DE MAUVAISES
PRATIQUES.

III

MOI, TITULAIRE, JE JURE D'UTILISER
TOUTE JOURNÉE, TOUTE HEURE CHÔMÉES,
ET D'ÉPUISER TOUS MES RTT, ET CE TOUJOURS,
PAR RESPECT DE NOS CAMARADES.

ÉTÉ SURCHAUFFÉ,
MUNICIPAL BIEN
CACHÉ.

IV

MOI, TITULAIRE, JE JURE D'ESSAYER DE TRAVAILLER À UN RYTHME CORRECT AFIN DE FAVORISER L'EMBAUCHE D'AUTRES CAMARADES.

V

ENFIN, MOI, TITULAIRE, JE PROMETS DE PROFITER AU MAXIMUM DES AVANTAGES POSSIBLES TELS QUE : LES PHOTOCOPIES GRATUITES, LES VÉHICULES DE FONCTION, LES STYLOS ET LES CAPSULES DE NESPRESSO, ETC.

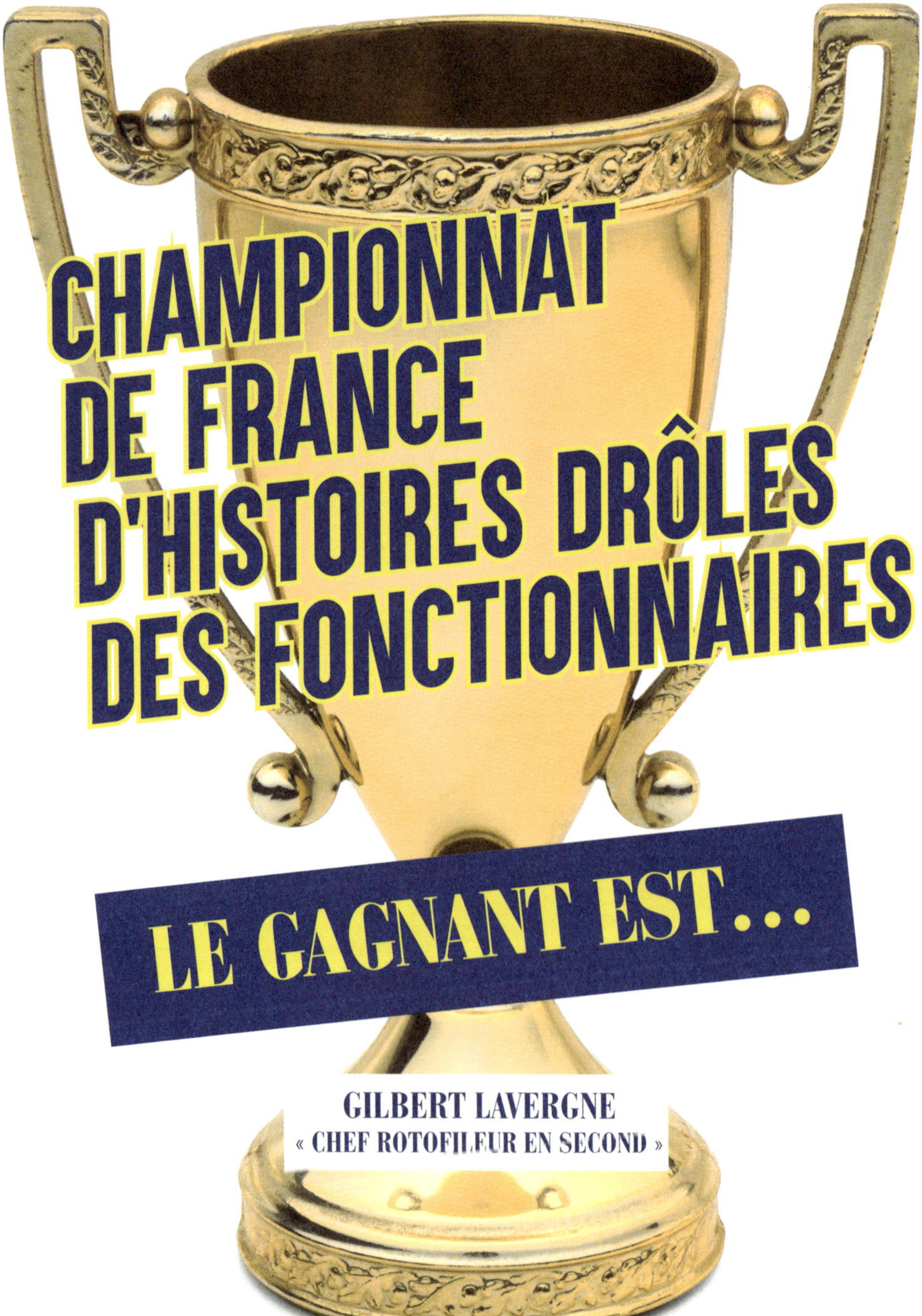
CHAMPIONNAT
DE FRANCE
D'HISTOIRES DRÔLES
DES FONCTIONNAIRES
LE GAGNANT EST...
GILBERT LAVERGNE
« CHEF ROTOFILEUR EN SECOND »

ÉTÉ SURCHAUFFÉ, MUNICIPAL BIEN CACHÉ.

Bravo à Gilbert Lavergne, chef rotofileur en second, avec cette blague de haut niveau :

Un paysan près d'Agen a une poule qui pond des œufs carrés. Cela finit par se savoir et l'INRA envoie des chercheurs acheter cette poule magique afin de l'étudier.
Une fois à l'INRA, la poule se met à pondre des œufs normaux, ovales…
On convoque le paysan, qui dit : « Laissez-moi seul avec elle, il faut que je lui parle ! »
« Alors ? dit le paysan, je te vends à l'Institut national des recherches agronomiques parce que tu ponds des œufs carrés et maintenant que tu y es, tu ponds des œufs ovales ? »
Et la poule répond :
« C'est pas maintenant que je suis fonctionnaire, que je vais me casser le cul ! »

LES PAGES ÉTÉ

JEUX, TESTS...

ÉTÉ SURCHAUFFÉ, MUNICIPAL BIEN CACHÉ.

LE QUIZZ DU MUNICIPAL

1 Un collègue arrive en retard au dépôt :

Petit a : je le couvre
Petit b : je le dénonce
Petit c : j'échange mon silence contre une caisse de Ricard

2 Classer par ordre d'importance au boulot les accessoires suivants :

Petit a : le marteau
Petit b : le siège
Petit c : le verre

3 Un collègue qui n'utilise pas tous ses RTT est un…

Petit a : étourdi
Petit b : inconscient
Petit c : traître

4 Selon vous une réunion de dé-briefing à 11 heures est…

Petit a : une corvée
Petit b : une obligation
Petit c : un apéro

5 Vous êtes fils ou fille d'employé municipal et vous venez d'être aussi embauché à la mairie. On appelle ça comment ?

Petit a : de la compétence
Petit b : de la chance
Petit c : du piston

6 Vous êtes employé municipal. Classez par ordre les professions les plus feignantes :

Petit a : SNCF
Petit b : EDF
Petit c : Éducation nationale

7 Vous léchez les pompes de M. le maire en le couvrant de compliments. Pour vous c'est…

Petit a : de la flagornerie
Petit b : de la politesse
Petit c : de la conscience professionnelle

Les bonnes réponses : 1) c / 2) c / 3) c / 4) c) / 5) a / 6) c a b / 7) c

7 réponses justes, vous pouvez passer chef !

JEU DE L'OIE

SUPERMUNICIPAL

ÉTÉ SURCHAUFFÉ, MUNICIPAL BIEN CACHÉ.

LABYRINTHE

OBJECTIF DÉPÔT

MOTS FLÉCHÉS

ÉTÉ SURCHAUFFÉ, MUNICIPAL BIEN CACHÉ.

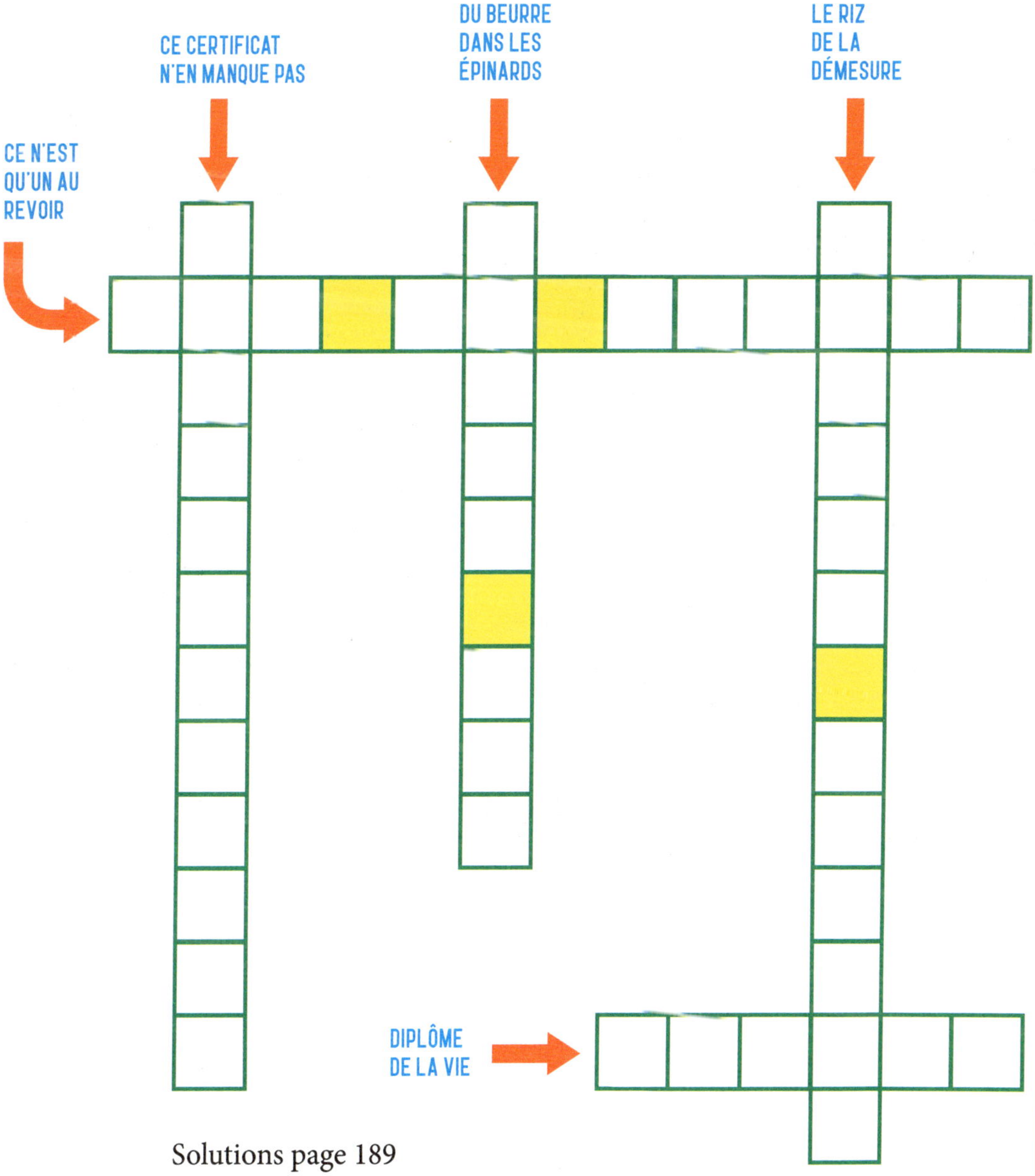

Solutions page 189

LES 7 DIFFÉRENCES

ÉTÉ SURCHAUFFÉ,
MUNICIPAL BIEN
CACHÉ.

ÉTÉ SURCHAUFFÉ, MUNICIPAL BIEN CACHÉ.

OÙ EST GILBERT ?

L'HOROSCOPE DE CHRISTIAN

Santé

Vous êtes gémeaux et donc ambivalent.
Tout marche par deux pour vous.
Deux jours de repos, deux outils : la pelle et le râteau.
Deux blouses, la verte et la bleue.
Méfiez-vous des taureaux.

Travail

Les voyants sont au vert, le verre est au jaune.
Buvez à la santé de vos gamma-GT, de plus en plus nombreux, de plus en plus forts.

Amour

Votre femme tousse, espoir possible.

Argent

Une grosse rentrée d'argent au black pour le travail effectué dans le jardin de la femme du maire.
Et surtout en échange de votre silence sur certains dossiers.

ÉTÉ SURCHAUFFÉ, MUNICIPAL BIEN CACHÉ.

L'HOROSCOPE DU MAIRE

Travail

Une tentative de mouvement social assombrira votre printemps.
Vous trouverez la parade en titularisant certains.

Santé

La campagne électorale municipale occasionnera de nombreux débats, surveillez votre foie et faites du sport.

Amour

Ça bouge de ce côté-là !
Exactement du côté droit qui est le côté de la joue sur laquelle votre femme risque de vous en coller une pour regards malicieux sur stagiaire.

Argent

Attention ! L'argent de beau-papa peut arrêter de couler à flots.
Vous tenterez de vous refaire en autorisant quelques permis de construire borderline.
Une bonne année au final.

L'HOROSCOPE DE GILBERT

« Je n'ai pas d'horoscope car je pense que je n'ai pas d'avenir. »

PUBLIC OU PRIVÉ ?

CHOISISSEZ VOTRE CAMP

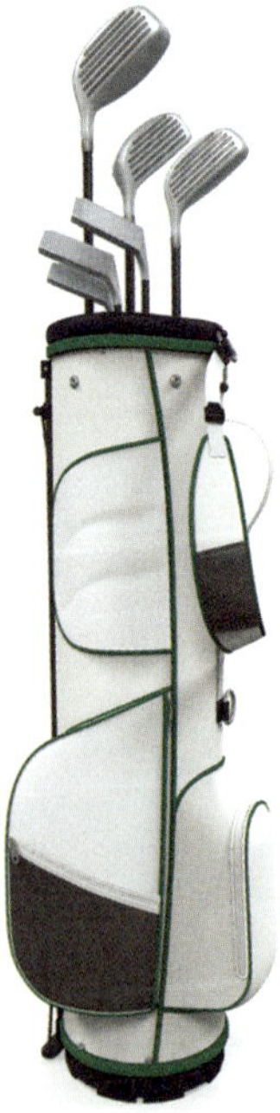

La soif de grimper
à tout prix

- [ ] PUBLIC
- [ ] PRIVÉ

L'abnégation
et la morale au travail

- [ ] PUBLIC
- [ ] PRIVÉ

Le sens de l'intérêt
général

- [ ] PUBLIC
- [ ] PRIVÉ

ÉTÉ SURCHAUFFÉ, MUNICIPAL BIEN CACHÉ.

Chez nous, on ne compte pas les heures

☐ PUBLIC

☐ PRIVÉ

On peut boire au travail

☐ PUBLIC

☐ PRIVÉ

Obsession de toujours : gagner plus !

☐ PUBLIC

☐ PRIVÉ

LE QCM
POUR TRAVAILLER À LA MAIRIE

1 Au citoyen qui demande comment je suis rentré à la mairie je réponds :

- ☐ Par piston
- ☐ Par relation
- ☐ Sur dossier

2 Le premier lundi de la nouvelle année, je me précipite pour :

- ☐ Souhaiter la bonne année à M. le maire
- ☐ Nettoyer mes outils pour bien commencer la nouvelle année
- ☐ Déposer mes RTT

3 Je pars en manifestation, j'organise :

- ☐ Le covoiturage
- ☐ La collecte de boissons et glacières
- ☐ Le transport des tracts

4 M. le maire organise un meeting pour sa propre réélection.
Je suis assis :

- ☐ Au premier rang
- ☐ Au premier rang
- ☐ Au premier rang

Réponses :

1. Bonne réponse : la 3
2. Bonne réponse : la 3
3. Bonne réponse : la 2
4. La bonne réponse est... ?

PARLEZ-VOUS LE MUNICIPAL ?

« Passe-moi l'oxygène. »
signifie
« Passe-moi la bouteille. »

« J'ai le râteau qui chauffe. »
signifie
« Il va être temps d'arrêter. »

« Le renard est dans le poulailler. »
signifie
« Alerte, un chef arrive ! »

« J'ai la crépine
qui suce le gravier. »

signifie

« Il fait soif. »

« On a pas le cul sorti
des ronces ! »

signifie

« Ça va pas être simple, on est pas couchés. »

« J'ai la brouette
qui a pris le volant. »

signifie

« Je suis trop bourré pour travailler. »

SOLUTIONS DES JEUX

SOLUTION DE LA PAGE 172

SOLUTION DE LA PAGE 173

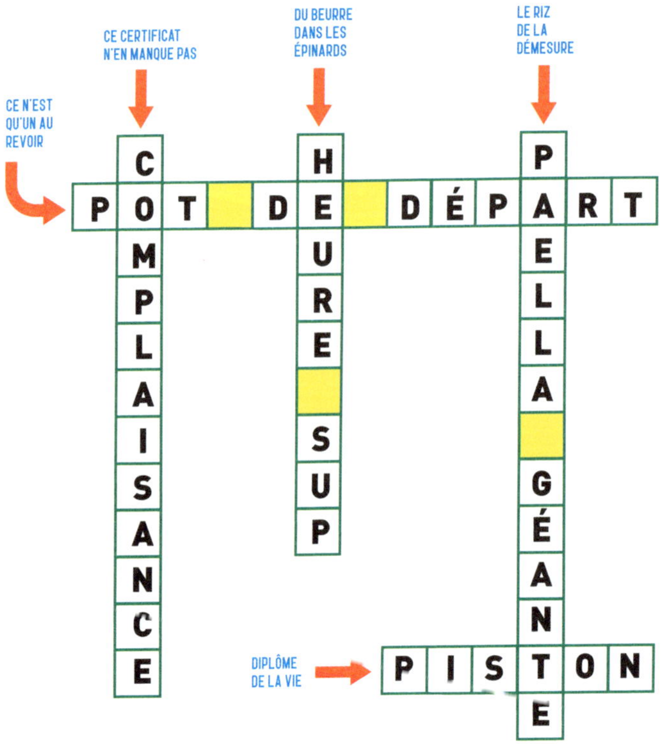

ÉTÉ SURCHAUFFÉ, MUNICIPAL BIEN CACHÉ.

SOLUTION DES PAGES 174-175

SOLUTION DES PAGES 176-177
OÙ EST GILBERT ?

À BIENTÔT !
C'EST BIENTÔT L'HEURE DE L'APÉRO !

REMERCIEMENTS

Je tiens à remercier l'ensemble des employés municipaux,
qui, avec humour, acceptent ces parodies et autres délires.
Ils m'inspirent par leurs défauts et travers,
mais surtout par leurs qualités humaines.
On se rend compte de leur importance surtout
quand ils ne sont pas là ! (à quelques exceptions près...).

Ce sont **les héros des temps modernes**, on les aime !

L'auteur, Éric Carrière
Les Chevaliers du Fiel

CRÉDITS

Dans le respect des droits patrimoniaux et du droit moral des auteurs inconnus des documents reproduits dans cet ouvrage, l'éditeur indique qu'il a réservé des droits et qu'il mentionnera le nom des auteurs qui se feront connaître et justifieront de leur qualité pour toute nouvelle édition de l'ouvrage.

HABILLAGE GRAPHIQUE (© ISTOCK.COM)
Page 9 polaroïd : © topform84 ; Page 11 © topform84 ; Pages 12/13 © MaskaRad ;
Page 23 © Dmytro ; Page 32 © morningarage ; Page 36 © cyano66 ; Pages 38/39 © Racide ;
Page 41 © Sebalos ; Page 42 © AxPitel ; Page 45 © Richard Villalonundefined,
illustr : © NLshopPage ; 48 © photoschmidt 2018 ; Page 49 © encrier ;
Page 51 © stickytoffeepudding ; Page 57 © dja65, © Tuned_In, © Sabina Feldmann ;
Page 59 © robynmac ; Page 60 © Recebin ; Pages 64/65 flocons : © Nerthuz ;
Page 67 © Nerthuz ; Page 71 © hatman12 ; Page 72 © artisteer, © Manuel faba- R.L,
fond : © daboost ; Page 74 gratin : © artisticco ; Page 79 feuilles : © Galina Timofeeva ;
Page 81 © Lemon_tm ; Page 85 © IndigoBetta ; Page 88 © Creatikon Studio,
fond : ©titoOnz ; Pages 90/91 fond : © loongar, illustrs : © Sashatigar ; Page 92 © Maksym Rudoi ;
Page 97 © Ale-ks ; Page 98 © rclassenlayouts ; Page 100 © Coprid, Page 101 © onairjiw ;
Page 102 © artisteer, © UroshPetrovic ; Page 107 © escargots : © BSANI, quiche : © artisticco ;
Page 108 © serezniy ; Page 109 © terex, © Danylana ; Page 113 © RG-vc ;
Page 114 © ricardoreitmeyer ; Pages 118/119 © daboost ; Page 120 © photka ; Page 124 © IvonneW,
© Olivier Laurent ; Page 129 © ChubarovY ; Pages 130/131 © RG-vc, © AlSimonov,
Dmitry Bomshtein ; Page 132 © eichinger julien ; Page 134 © Pinkypills ; Page 137 © bennyb,
fond : © Olga Gillmeister, © Dewin ' Indew ; Page 141 © flyparade, sable : © Studio Doros ;
Page 145 © Diana Taliun ; Page 147 © MileA ; Page 148 © beaucroft, © dreamnikon ;
Page 151 © Cebas ; Page 152 © Shablon, © John_Kasawa ; Page 154 © Nerthuz ;
Page 155 © Ale-ks ; Pages 156/157 © kaarsten ; Page 157 © ISerg, © somchaisom ;
Page 159 © Kuzmik_A ; Page 160 © nobtis ; Pages 162/163 © Cunaplus_M.Faba, © Hilch ;
Pages 164/165 © AlexLMX ; Page 166 © Michael Burrell ; Page 167 © Geerati ; Page 168,
coccinelle : © Valengilda ; Page 170, camion poubelle : © venakr ; Page 175 © photka ;
Pages 176/177 © TheYok ; Page 178 © AlSimonov ; Page 180 © Nerthuz; Page 181, © Sashkinw,
© photka ; Page 183, © designsstock ; Page 192, © Bob_Eastman ; 3e de couverture : ©Bob_Eastman

BANDES DESSINÉES
Pages 17, 20, 30, 43, 52/53, 66, 99, 104/105, 110, 125, 126/127, 138 :
© DR, F. productions, les Chevaliers du fiel

VISUELS "LES MUNICIPAUX"
Pages 9, 22, 84, 144, 146, 161 © Paul Godeau
Pages 37, 80, 86, 122 © Pascalito
Pages 93, 128, 158 © Franck Sonnet

Fabrication :
Christian Toanen
Nikola Savic

Imprimé en
Dépôt légal : octobre 2019
ISBN : 978-2-7499-3928-5
LAF 2760